Beiträge zur Stadt- und Regionalforschung
Heft 12

Schriftleitung: Dr. Monika Kurth

Beiträge zur Stadt- und Regionalforschung

Herausgegeben im Auftrage der Gesellschaft für Wohnungs- und Siedlungswesen (GEWOS e.V.) Bonn
von Professor Dr. Harald Jürgensen

12

GEORG-DIETRICH JANSEN
HOLGER PLATZ

Möglichkeiten zur regionalwirtschaftlichen Bewertung von Verkehrsinvestitionen

— dargestellt am Beispiel alternativer Trassenführungen der Bundesbahn-neubaustrecke Hannover - Gemünden

VANDENHOECK & RUPRECHT IN GÖTTINGEN

© Vandenhoeck & Ruprecht in Göttingen 1978 — Printed in Germany
Ohne ausdrückliche Genehmigung des Verlages ist es nicht gestattet,
das Buch oder Teile daraus auf foto- oder akustomechanischem Wege
zu vervielfältigen.
ISBN 3-525-12513-5

Vorwort des Herausgebers

Die Bewertung von Verkehrsinvestitionen stellt trotz der zwischenzeitlich fortentwickelten Methodik immer noch ein erhebliches Problem dar. Obwohl den Zusammenhängen zwischen Verkehrsplanung und wirtschaftlicher Entwicklung einer Region von den Planern immer stärker nachgegangen wird, bestehen noch Unsicherheiten über Art, Umfang und Bedeutung dieser Auswirkungen. Insbesondere fehlt es in der Literatur noch an konkreten Anwendungsfällen. Mit der hier vorgelegten Veröffentlichung wird der Versuch gemacht, Konsequenzen von Verkehrsinvestitionen anhand einer Neubaustrecke der Deutschen Bundesbahn darzustellen. Darüber hinaus werden auf der Grundlage der quantifizierten Wirkungen Entscheidungshilfen zur Bewertung alternativer Trassenführungen erarbeitet.

Mit der Ableitung regionalentwicklungspolitischer Wirkungen aus der Veränderung des Verkehrsverhaltens der betroffenen Bevölkerung und Wirtschaft als auch der darauf aufbauenden Bewertung aus volkswirtschaftlicher und raumordnungspolitischer Sicht sollen Beiträge zur öffentlichen Diskussion dieses Themas geleistet werden.

Die praxisnahe Anwendung von Verfahren zur Quantifizierung der Effekte und zur Bewertung von Verkehrsinvestitionen offenbart die Grenzen einer solchen Untersuchung. Sie liegen im fehlenden Datenmaterial und in der Problematik der unterschiedlichen Gewichtung durch Initiatoren und Betroffene begründet.

Der Herausgeber dankt dem Niedersächsischen Ministerium für Wirtschaft und Öffentliche Arbeiten, das durch seine Initiative die Untersuchung überhaupt ermöglicht hat, daß es der Veröffentlichung der Ergebnisse in dieser Reihe zugestimmt hat. Ein besonderer Dank gebührt auch der Deutschen Bundesbahn, ohne deren tatkräftige Unterstützung ein wesentlicher Teil der Ergebnisse nicht hätte erreicht werden können.

Hamburg, im Oktober 1977   Harald Jürgensen

Vorwort der Verfasser

Die vorliegende Arbeit basiert auf einer Untersuchung der PLANCO-CONSULTING-GMBH für das Niedersächsische Ministerium für Wirtschaft und Öffentliche Arbeiten. Die dabei erkannten Schwierigkeiten bei der Bewertung von Investitionen in die Verkehrsinfrastruktur haben uns veranlaßt, die angewandte Methodik an dieser Stelle zur Diskussion zu stellen. Allerdings möchten wir darauf hinweisen, daß die zeitliche Beschränkung und das fehlende Datenmaterial über das Verkehrsgeschehen und das Verkehrsverhalten der betroffenen bzw. nutznießerischen Zielgruppen das methodische Vorgehen und das Ergebnis restriktiv beeinflußt haben.

Diese Umstände mögen erklären, daß die vorliegende Studie zwar ein Entscheidungsinstrument zur Auswahl einer der Trassen mit dem dazugehörigen Betriebsprogramm liefert, jedoch das Instrumentarium der Kosten-Wirksamkeits-Analyse theoretisch dadurch unvollendet läßt, daß Zielgewichtungen und ihr Einfluß auf das Ergebnis zwar diskutiert werden, jedoch ohne Einfluß auf die Bewertung bleiben. Die Möglichkeit der Monetarisierung der Nutzen wird über die Alternativkostenrechnung dargestellt, jedoch nicht mit letzter Konsequenz durchgeführt.

Dennoch ist es gelungen, auf der Grundlage eines eigens entwickelten Prognosemodells die verkehrlichen Wirkungen der Varianten und damit deren Bedeutung für die Einflußräume aufzuzeigen. Durch die Quantifizierung nicht unmittelbar in Geld bewertbarer Effekte war es möglich, die raumordnungspolitischen Vorteile einer aus gesamtwirtschaftlicher Sicht ungünstigen Trassenvariante darzustellen. Die Arbeit hat auf diese Weise einen deutlichen Beitrag zur politischen Entscheidungsfindung leisten können.

Diese Untersuchung wäre ohne die interessierte Mitarbeit des Auftraggebers, des Niedersächsischen Ministers für Wirtschaft und Öffentliche Arbeiten, vertreten durch Herrn Hoffmann und Herrn Witte, nicht möglich gewesen. Insbesondere der direkte Kontakt mit Herren der Lenkungsgruppe half den Bearbeitern bei der Durchführung. Selbstverständlich wäre diese Untersuchung ohne die enge Zusammenarbeit und die Vorgaben der Deutschen Bundesbahn nicht möglich gewesen.

Aber auch das Interesse und die Unterstützung der öffentlichen Verwaltungen der betroffenen Regionen, der Städte Kassel, Hildesheim, Holzminden, Höxter, Göttingen, der Landesplanungsgemeinschaft Westfalen und der Industrie- und Handelskammern in Braunschweig, Hildesheim und Paderborn hat uns wesentlich bei der Erfüllung unserer Aufgaben geholfen.

Bei den von der Planco Consulting GmbH durchgeführten Untersuchungen war Herr Dipl. Ing. Jürgen Schmidt durch seine Mitarbeit in einigen Teilbereichen und seine Diskussionsbereitschaft eine wertvolle Hilfe. Ihm gilt unser besonderer Dank.

                                      Georg-Dietrich Jansen

                                      Holger Platz

Inhaltsverzeichnis

	Seite
1. Rahmen der Untersuchung und Methodische Anmerkungen	1
1.1 Aufgabenstellung	1
1.2 Zum Entwicklungseffekt von Verkehrsinvestitionen	2
1.3 Verkehrliche Effekte als Indikator für volkswirtschaftliche Nutzen	9
1.4 Die Berücksichtigung regionaler Verteilungswirkungen in der gesamtwirtschaftlichen Projektbewertung	10
1.5 Vorgehensweise dieser Untersuchung	12
2. Grundlagen	14
2.1 Künftiges Schienenverkehrsangebot	14
2.1.1 Das Ausbauprogramm für das Netz der Deutschen Bundesbahn	14
2.1.2 Neubaustrecken im Untersuchungsraum	16
2.1.3 Neubaustrecke Hannover-Kassel	17
2.1.3.1 Vorläufige räumliche Abgrenzung	17
2.1.3.2 Trassenvarianten der Deutschen Bundesbahn	18
2.1.3.3 Betriebsprogramme	19
2.2 Geplante Verbesserungen des Straßennetzes im Untersuchungsraum	24
2.3 Auswahl der Vergleichsvarianten für diese Untersuchung	24
2.4 Die Untersuchungsregion	26
2.4.1 Abgrenzung nach Zeitvorteilen	26
2.4.2 Reisezeitverhältnisse Straße - Schiene	29
2.4.3 Bevölkerungs- und Wirtschaftsstruktur	30
3. Verkehrliche Effekte	37
3.1 Potentielle Verkehrsnachfrage für die Varianten	37
3.1.1 Prognosemodell	37
3.1.2 Berechnung des Nachfragepotentials für die Schiene	43
3.1.3 Vorentscheidung über die Vergleichsvarianten	49
3.2 Verkehrsaufkommen	51
3.2.1 Einfluß der Verkehrsbedienung	51

				Seite
	3.2.2	Prognose des Verkehrsaufkommens		54
		3.2.2.1	Fernverkehr	55
		3.2.2.2	Zentrumsverkehr	56
		3.2.2.3	Regionalverkehr	59
		3.2.2.4	Durchgangsverkehr	60
	3.2.3	Empfindlichkeitsanalysen für die Verkehrsbedienung		61
3.3	Fahrzeitveränderungen			63
	3.3.1	Fernverkehr		64
	3.3.2	Zentrumsverkehr		65
	3.3.3	Regionalverkehr		65
	3.3.4	Durchgangsverkehr		65
	3.3.5	Bilanz der Fahrzeitveränderungen		66

4. Privatwirtschaftliche Bewertung der Alternativen aus der Sicht der Deutschen Bundesbahn — 67
   4.1 Methodische Vorbemerkungen — 67
   4.2 Zur Wahl des Kalkulationszinsfußes — 68
   4.3 Kostenvergleich — 70
   4.4 Ertragsvergleich — 70
   4.5 Kosten - Ertragsgegenüberstellung — 72

5. Volkswirtschaftliche Nutzen und Kosten — 73
   5.1 Kosten — 74
      5.1.1 Investitions- und Betriebskosten — 74
      5.1.2 Beeinträchtigungen der Umwelt — 74
          5.1.2.1 Lärmimmissionen — 74
          5.1.2.2 Trennwirkung der Bahntrasse — 76
   5.2 Nutzen — 78
      5.2.1 Nutzen der Fahrzeitersparnisse — 78
      5.2.2 Nutzen der induzierten Aktivitäten — 80
   5.3 Nutzen - Kosten - Bilanz — 84

6. Raumordnungspolitische Beurteilung — 86
   6.1 Grundlagen der Wirkungsanalyse — 86
      6.1.1 Abgrenzung der Einflußräume — 86
      6.1.2 Verkehrslage als Standortfaktor — 89

			Seite
	6.1.3	Verkehrsabhängigkeit der Arbeitsplätze in der Untersuchungsregion	90
	6.1.4	Die überregionale Funktion der Arbeitsplätze in den Einflußräumen	94
6.2		Unterstützung raumordnerischer Zielsetzungen	95
	6.2.1	Zielsetzungen des Bundes und der Länder	95
	6.2.2	Unterstützung des Konzeptes der zentralen Orte und Schwerpunkte	100
	6.2.3	Unterstützung spezieller Förderungsprogramme	104
6.3		Bewertung der Alternativen	107
	6.3.1	Auswahl relevanter Zielkriterien	107
	6.3.2	Operationalisierung der Zielkriterien	111
	6.3.3	Bewertung der Alternativen nach der Zielerfüllung	113
7. Zusammenfassung			116
Anlagen			120
Literaturverzeichnis			136

Tabellen-Verzeichnis

Seite

Tabelle 2 - 1	Veränderung der Streckenlängen im Raum Kassel durch die Alternativen III und IV gegenüber Alternative I	18
Tabelle 2 - 2	Künftige Streckenbelegung im Personenverkehr (Züge je Tag und Richtung)	21
Tabelle 2 - 3	Künftige kürzeste Reisezeiten (Minuten)	22
Tabelle 2 - 4	Die Zuordnung von Einwohnern und Arbeitsplätzen 1970 zur Verkehrsgunst 1985	32
Tabelle 3 - 1	Die Nachfrageelastizität der Fahrkarten und Reisezeiten dargestellt durch die Regressionskoeffizienten einer logarithmischen Funktion	40
Tabelle 3 - 2	Die Parameter der Schätzfunktion und ihre Differenzierung nach Ausgangsorten	41
Tabelle 3 - 3	Parameter der Schätzfunktion für das Nachfragepotential im Regional- und Zentrumsverkehr	42
Tabelle 3 - 4	Die verkehrstechnische Untergliederung der Mittelbereiche Hildesheim und Göttingen	43
Tabelle 3 - 5	Der Einfluß der Neubaustrecke auf das Nachfragepotential in der Region (gemessen in 1000 Hin- und Rückfahrten pro Jahr aus den Mittelbereichen)	47
Tabelle 3 - 6	Nachfragepotentiale der Untervarianten (Rückfahrkarten/Jahr)	50
Tabelle 3 - 7	Aufkommen im Fernverkehr	55
Tabelle 3 - 8	Mehrverkehr der Mittelbereiche im Fernverkehr	56
Tabelle 3 - 9	Aufkommen im Zentrumsverkehr	57
Tabelle 3 -10	Mehrverkehr der Mittelbereiche im Zentrumsverkehr	57
Tabelle 3 -11	Aufkommen im Regionalverkehr	59
Tabelle 3 -12	Verkehrszählungen 1972 (4 Wochen) im Nord-Süd-Verkehr	60
Tabelle 3 -12a	Aufkommen der Variante H 2 bei max. und min. Zughalten auf der Neubaustrecke in Holzminden (Fahrten/Jahr)	62

		Seite
Tabelle 3 - 13	Aufkommen im Fernverkehr bei alternativen Funktionen des Bedienungsfaktors f	63
Tabelle 3 - 14	Zeitgewinne im Fernverkehr (Stunden/Jahr)	64
Tabelle 3 - 15	Zeitgewinne im Fernverkehr nach Mittelbereichen	64
Tabelle 3 - 16	Zeitgewinne im Zentrumsverkehr	65
Tabelle 3 - 17	Bilanz der Zeitgewinne und -verluste	67
Tabelle 4 - 1	Der Gegenwartswert der Differenzkosten der Varianten H 2 und G 2 in Millionen DM	70
Tabelle 4 - 2	Die jährlichen Mehreinnahmen nach Teilräumen der Untersuchungsregion in Millionen DM	71
Tabelle 4 - 3	Die jährlichen Mehreinnahmen und der Gegenwartswert der Differenz zwischen H 2 und G 2 in Mio. DM	72
Tabelle 4 - 4	Gegenwartswert der privatwirtschaftlichen Kosten- und Ertragsdifferenzen der Alternativen (G 2 ./. H 2) in Mio. DM 1975	72
Tabelle 4 - 5	Gegenwartswert der Ergebnisdifferenz der Alternativen (G 2 - H 2) aus der Sicht der Bundesbahn mit bzw. ohne Investitionskosten (Mio. DM 1975)	73
Tabelle 5 - 1	Flächennutzung entlang der Trassenvarianten zwischen Rethen und Heckershausen (nach Streckenkilometern	76
Tabelle 5 - 2	Durchfahrene Schwerpunkträume zwischen Rethen und Heckershausen	77
Tabelle 5 - 3	Bilanz der bewerteten Zeitgewinne und -verluste	79
Tabelle 5 - 4	Gegenwartswert der Reisezeitveränderungen 1975 in Mio. DM	80
Tabelle 5 - 5	Gegenwartswert der gesamtwirtschaftlichen Kosten- und Ertragsdifferenzen der Trassen-Alternativen Göttingen bzw. Holzminden in Mio. DM 1975	84
Tabelle 5 - 6	Der Einfluß der Zeitbewertung auf den gesamtwirtschaftlichen Trassenvergleich	85

			Seite
Tabelle 6 - 1		Die Nachfragepotentiale der relevanten Einfluß- räume in 1.000 Rückfahrten	88
Tabelle 6 - 2		Entwicklungsstand und -kraft der Einflußräume	88
Tabelle 6 - 3		Die wichtigsten Standortfaktoren und ihre Be- deutung für die Wirtschaftsabteilungen der In- dustrie	91
Tabelle 6 - 4		Die Abhängigkeit im Dienstleistungsbereich von der Verkehrsgunst im schienengebundenen Nord-Süd-Verkehr	93
Tabelle 6 - 5		Die Verkehrsabhängigkeit der Arbeitsplätze in den Einflußräumen	93
Tabelle 6 - 6		Die überregionale Funktion der Arbeitsplätze in den Einflußräumen	95
Tabelle 6 - 7		Quotienten der Luftlinien-Geschwindigkeiten	101
Tabelle 6 - 8		Reisezeiten von und nach Holzminden	102
Tabelle 6 - 9		Qualität der Verkehrsbedienung (Faktor f)	103
Tabelle 6 - 10		Die Unterstützung der Zonenrandgebiete durch die Varianten	105
Tabelle 6 - 11		Die betroffenen Gästebetten und Übernachtun- gen in den Schwerpunkten (1. Förderungs- priorität) innerhalb des Untersuchungsgebie- tes 1970	106
Tabelle 6 - 12		Operationalisierungsvorschläge für die aus- gewählten Zielkriterien	112
Tabelle 6 - 13		Regionalwirtschaftliche Bewertung der Varianten	115

Abbildungs-Verzeichnis

			Seite
Abbildung	2 - 1	DB-Streckennetz	20
Abbildung	2 - 2	Erreichbarkeitsvorteile der Trasse Holzminden im Verkehr nach Süden gegenüber einer direkten Verbindung Hannover-Kassel	27
Abbildung	2 - 3	Erreichbarkeitsvorteile der Trasse Göttingen im Verkehr nach Süden gegenüber einer direkten Verbindung Hannover-Kassel	28
Abbildung	2 - 4	Verhältnis der Reisezeit zwischen Schienen- und Straßenverkehr	31
Abbildung	2 - 5	Die wirtschaftliche Entwicklungskraft in der Untersuchungsregion 1970	34
Abbildung	2 - 6	Die Veränderung der Wirtschaftsstruktur zwischen 1961 und 1970: Realsteuerkraft und BIP/WOB	35
Abbildung	2 - 7	Die Veränderung der Wirtschaftsstruktur zwischen 1961 und 1970: Arbeitsmarkt	36
Abbildung	3 - 1	Elastizität der Nachfrage nach Leistungen der Bundesbahn in den Räumen Hannover, Göttingen und Kassel bezogen auf das Angebot (Erreichbarkeit)	39
Abbildung	3 - 2	Modell für die Quantifizierung der Nachfrage	42
Abbildung	3 - 3	Das Nachfragepotential der Region im Fernverkehr auf ausgewählten Relationen	45
Abbildung	3 - 4	Das Nachfragepotential der Region im Fernverkehr auf ausgewählten Relationen	46
Abbildung	3 - 5	Die Zunahme der potentiellen Nachfrage in % des Basisverkehrs	48
Abbildung	3 - 6	Verkehrsaufkommen und Zugangebot	53
Abbildung	3 - 7	Schienengebundener Mehrverkehr aus der Region nach Kassel und Hannover	58
Abbildung	5 - 1	Verkehrsgunst in der Region im Nord-Süd-Verkehr auf der Schiene 1972; Die durchschnittliche Veränderung des BIP in Abhängigkeit von der Verkehrsgunst	83
Abbildung	6 - 1	Räumliche Differenzierung der Region nach dem Ausmaß der Nachfrageänderung zwischen den Varianten H und G	87

		Seite
Abbildung 6 - 2	Auswirkungen der Verkehrsgunst auf die Konzentration der Arbeitsplätze	92
Abbildung 6 - 3	Raumordnerische Festlegungen in der Region	98
Abbildung 6 - 4	Thesenhafte Zielkriterien als Ausgangspunkt des Forschungsvorhabens	108

1. Rahmen der Untersuchung und Methodische Anmerkungen

1.1 AUFGABENSTELLUNG

Die vorliegende Studie hat die Aufgabe, die alternativen Planungen der Deutschen Bundesbahn für die Trassierung der Neubaustrecke Hannover-Kassel- Gemünden im Abschnitt Hannover - Kassel auf ihre

- verkehrswirtschaftlichen
- volkswirtschaftlichen und
- regionalwirtschaftlichen

Vor- und Nachteile zu überprüfen.

Innerhalb dieses Rahmens sind vorrangig die folgenden Fragen zu beantworten:

- Wie sind die Erschließungs- und die Bedienungsfunktionen der verschiedenen Streckenführungen für den durchfahrenen Raum zu werten?

- Welchen Stellenwert unter jeweiliger Berücksichtigung des Bevölkerungspotentials, der Wirtschafts- und Produktionsstruktur hat ein direkter Zugang zu der neuen Strecke, und wie werden die einzelnen Varianten dem gerecht?

- In welchem Maße bringt welche Trasse dem durchfahrenen Raum Verbesserungen, wo unterbleiben Verbesserungen, wo entstehen Verschlechterungen?

Nicht zu untersuchen ist, welche Vor- und Nachteile die Realisierung der Neubaustrecke überhaupt bringt. Dazu sind detaillierte Untersuchungen von der Projektgruppe Korridoruntersuchungen im Bundesministerium für Verkehr angestellt worden [1].

Ebenso ist es nicht Gegenstand dieser Studie, Trassen- und Bedienungsvarianten zu entwerfen, die den Zielsetzungen der Regionalentwicklung am besten entsprechen. Das schließt nicht aus, daß hier Anregungen, die sich dennoch während der Arbeit an dieser Untersuchung entwickelt haben, formuliert werden.

---

[1] PROJEKTGRUPPE KORRIDORUNTERSUCHUNG, Untersuchung über Verkehrswegeinvestitionen in ausgewählten Korridoren der Bundesrepublik Deutschland, Bundesministerium für Verkehr 1972.

1.2 ENTWICKLUNGSEFFEKTE VON VERKEHRSINVESTITIONEN

Verkehrswirtschaftliche, volkswirtschaftliche und regionalwirtschaftliche Konsequenzen der Trassenwahl stehen nicht unverbunden nebeneinander, sondern überschneiden sich in wesentlichen Bereichen. Dabei können volkswirtschaftliche Wirkungen als Oberbegriff angesehen werden. Von ihnen tritt ein Teil im Bereich der Verkehrswirtschaft ein. Der Begriff "regionalwirtschaftliche Konsequenzen" ist synonym mit dem der "volkswirtschaftlichen Konsequenzen" zu verwenden, wenn unter "Region" und "Volkswirtschaft" das Gleiche verstanden wird. Wird hingegen, wie es die Regel ist, "Region" als Teil der Volkswirtschaft verstanden, so stellen die regionalwirtschaftlichen Konsequenzen des Streckenneubaus denjenigen Ausschnitt volkswirtschaftlicher Konsequenzen dar, der den engeren Bereich einer vorab definierten Region berührt.

Der Begriff der volkswirtschaftlichen Nutzen bzw. Kosten einer Maßnahme wird nicht im Sinne der volkswirtschaftlichen Gesamtrechnung verstanden, die sich auf in Geld abzugeltende Wertschöpfungen oder Werteverzehre beschränkt. Vielmehr werden auch solche Vor- und Nachteile berücksichtigt, die keinen marktwirtschaftlichen "Preis" haben [1].

Bei der Ermittlung des Bruttoinlandsproduktes nach der Entstehungsrechnung kann nicht von den Umsätzen der Wirtschaftseinheiten (ggf. korrigiert um Bestandsveränderungen) ausgegangen werden, sondern vom Saldo zwischen Umsätzen und Vorleistungen, um Doppelzählungen in der Aggregation zu vermeiden. Entsprechendes gilt für jede Aufspaltung volkswirtschaftlicher Investitionsbewertungen für einzelne Gruppen [2] oder Regionen.

Die Kosten der einen Gruppe oder Region können Nutzen einer anderen Gruppe (Region) sein, so daß sie bei Aggregation herausfallen [3].

Insbesondere bei der regionalen Betrachtung führt diese Feststellung zu erheblichen Problemen. Wird beispielsweise als Folge einer Verkehrsinvestition in der Region X ein Industriebetrieb angesiedelt, so entsteht

---

[1] Besondere Bedeutung kommt hier im Bereich der Verkehrsplanung dem Wert von Zeitersparnissen zu.
[2] Verkehrsbetriebe, Industrie, Haushalte, Staat...
[3] So sind z.B. Fahrgeldausgaben der Reisenden zugleich Einnahmen der Bundesbahn. In der Aggregation fallen sie daher weg. Anders steht es mit dem Nutzen der Verkehrsteilnehmer. Handelt es sich um durch die Investitionen veranlaßte Neuverkehre, kann dieser Nutzen mit mindestens der Höhe ihrer Fahrgeldausgaben beziffert werden (willingness-to-pay-Methode). Zu unterscheiden ist also zwischen der Verwendung von Fahrgeldausgaben als Kosten der Verkehrsteilnehmer oder als Nutzenindikator.

ein regionalwirtschaftlicher Nutzen. Ob dieser Nutzen auch bei volkswirtschaftlicher Betrachtung unverändert hoch zu bewerten ist, hängt davon ab, ob

- die Industrieansiedlung lediglich von einer Region der Volkswirtschaft in eine andere verlagert wurde, oder ob

- diese Industrieansiedlung ohne die Verkehrsinvestition in der Volkswirtschaft überhaupt nicht bzw. in verringertem Umfange vorgenommen wäre.

Im ersten Falle entsteht ein volkswirtschaftlicher Nettonutzen nur, wenn die durch die Verkehrsinvestition bewirkte Standortwahl als günstiger angesehen wird [1] als die durch sie vermiedene Standortwahl. Im zweiten Falle hingegen entsteht auf jeden Fall mit dem regionalwirtschaftlichen auch ein volkswirtschaftlicher Nutzen.

Praktische Probleme bei einer Investitionsbewertung ergeben sich daraus, daß

- erstens bereits die Prognose einer Industrieansiedlung (oder eines anderen Effektes) als Folge der Verkehrsinvestition schwer fällt und daß

- zweitens Schwierigkeiten bestehen, vorherzusagen, ob eine erwartete Industrieansiedlung ohne die Verkehrsinvestition anderswo in unveränderter Form erfolgt wäre oder nicht.

Hinter diesen Problemen verbirgt sich die entscheidende, auch in der theoretischen Diskussion noch umstrittene, Frage nach der Beziehung zwischen der Ausstattung mit Verkehrsinfrastruktur und volkswirtschaftlichen Entwicklungsprozessen. Drei Auffassungen stehen sich gegenüber: [2]

(1) Verkehrsinvestitionen wirken lediglich "wachstumsverteilend, nicht aber wachstumsinduzierend" [3]. Der Verkehr dient der Überwindung räumlicher Spannungen, die aus dem räumlichen Auseinanderfallen von Angebot und Nachfrage von Gütern und Diensten entstehen. Dabei ist freilich unbestritten, daß eine verkehrliche Grundausstattung notwendig ist, um räumliche Entwicklungspotentiale zur Entfaltung zu bringen [4]. Da jedoch diese Grundausstattung zumindest in der Bundes-

---

[1] Z. B. aus Gründen der Raumordnungspolitik
[2] Vgl. Wolfgang Heinze, Disparitätenabbau und Verkehrstheorie-Anmerkungen zum Aussagevermögen der räumlichen Entwicklungstheorie von Fritz Voigt
[3] ebenda, S. 428
[4] Ein berühmt gewordenes Beispiel ist die Straßenverbindung zwischen La Paz und Santa Cruz in Bolivien in den fünfziger Jahren, die zu einem reForts. s. n. S.

republik überall existiert, können zusätzliche Verkehrsinfrastrukturen keine zusätzlichen Entwicklungspotentiale erschließen.

(2) Verkehrsinvestitionen erzeugen externe Effekte im Einzugsbereich [1]. Transportkostenbedingte Wettbewerbsoasen regionaler Anbieter werden abgebaut. Anbieter mit günstigeren Produktionskosten können sich dadurch weitere Märkte erschließen, erhalten infolgedessen die Möglichkeit der Betriebserweiterung und der Nutzung von ecconomies of scale. Dadurch wird eine volkswirtschaftliche Produktivitätssteigerung erreicht, die ohne Verkehrsinvestition nicht eingetreten wäre [2].

Die volkswirtschaftlichen Vorteile müssen nicht der Region zugute kommen, die durch die Verkehrsinvestition erschlossen wird. Vielmehr hat Voigt deutlich gezeigt, daß die Eisenbahnbauten der "zweiten Runde" (ab ca. 1880) in Deutschland in den "begünstigten" Regionen wirtschaftliche Erosionsprozesse bewirkten: Die weitere Veräste-

---

Forts. v. v. S. Fußn. [4]
gelrechten Entwicklungsboom in Ostbolivien führte. Vor dem Bau der Straße nach La Paz war dieser Landesteil praktisch von der Umwelt abgeschlossen.

[1] Vertreter dieser Gruppe ist vor allem Fritz Voigt. Vgl. u. a. von Voigt: Die Theorie der Verkehrswirtschaft, Berlin 1973;
Theorie der regionalen Verkehrsplanung, Berlin 1964;
Die volkswirtschaftliche Bedeutung des Verkehrssystems, Berlin 1960;
Die gestaltende Kraft der Verkehrsmittel in wirtschaftlichen Wachstumsprozessen. Untersuchung der langfristigen Auswirkungen von Eisenbahn und Kraftwagen in einem Wirtschaftsraum ohne besondere Standortvorteile, Bielefeld 1959

[2] Damit ist freilich noch nicht das Maß des volkswirtschaftlichen Nutzens der Verkehrsinvestition bestimmt. Hierzu wäre es erforderlich, die Entwicklung mit der Investition mit derjenigen ohne sie zu vergleichen. Bei geplanten Investitionen wären also zwei theoretische Entwicklungen miteinander zu vergleichen, bei historischen (ex-post-) Untersuchungen die tatsächliche mit einer hypothetischen Entwicklung. Versuche einer solchen "counterfactual deduction" (vgl. Thilo Sarrazin, Frithjof Speer, Manfred Tietzel, Eisenbahnen und wirtschaftliche Entwicklung, in: Jahrbuch für Sozialwissenschaft Bd. 24, Göttingen 1973, Heft 1, Seite 85 - 105) sind bislang noch nicht zu befriedigenden Ergebnissen gelangt. (Vgl. R. W. Fogel, Railroads and Economic Growth, Essays in Econometric History, Baltimore 1964; A. Fishlow, Railroads and the Transformation of the Antebellum Economy, Cambridge/Mass., 1965; P. D. Mc Clelland, Railroads, American Growth, and the New Economic History: A Critique, in: JEH, 28/1968). Für Eisenbahninvestitionen in neuerer Zeit fehlen mangels Investitionstätigkeit entsprechende Untersuchungen. Allerdings kann hier zum Teil im Umkehrschluß von der Diskussion um die Stillegung von Eisenbahnstrecken ausgegangen werden. Eine entsprechende Untersuchung führen die Verfasser zur Zeit in der PLANCO Consulting-GmbH durch.

lung des Eisenbahnnetzes durch den Bau von Nebenbahnstrecken erschloß den bereits weitgehend gefestigten Agglomerationen zusätzliche Märkte und förderte dadurch den Prozeß der räumlichen Entwicklungsdifferenzierung.

(3) Die mehrheitlich vertretene Auffassung wird von Hans A. Adler treffend so umschrieben [1]: "It is frequently assumed that all transport improvements stimulate economic development. The sad truth is that some do, so do not.... ".

So zeigt Sautter [2], daß in der von ihm untersuchten Region, ähnlich wie von Voigt nachgewiesen, der Nebenbahnbau der Eisenbahn um die Jahrhundertwende eher negative Wirkungen erzeugte. Der Straßenbau hingegen, zusammen mit dem verstärkten Einsatz des Lastkraftwagens, kehrte diesen negativen Einfluß der Bahn teilweise wieder um und führte zu deutlichen regionalen Wachstumseffekten. Für neue Autobahnen liegen Untersuchungen vor, die regionalwirtschaftliche Entwicklungseinflüsse feststellen [3]. Inwieweit diesen regionalwirtschaftlichen Einflüssen auch volkswirtschaftliche Einflüsse entsprechen, bleibt jedoch ungeprüft.

Mit zunehmender verkehrlicher Erschließung auch ländlicher Räume (insbesondere durch den Straßenbau) gewinnt auch die Frage an Gewicht, ob und inwieweit die Verkehrsinfrastruktur überhaupt noch Entwicklungsengpaß ist. Untersuchungen über die Standortwahl von Industriebetrieben [4] wie über die Wohnortwahl der Bevölkerung [5] legen die Vermutung nahe, daß heute in vielen Fällen andere Potentialfaktoren als Engpaßbereiche vorherrschen, so daß Verkehrsinvestitionen kaum Entwicklungsimpulse erzeugen können [6]. Aber auch diese Feststellung ist zweifellos nicht generalisierbar.

---

[1] Hans A. Adler, Economic Evaluation of Transport Projects, in: Transport Investment and Economic Development, Edited by Gary Fromm, Washington 1965, S. 189

[2] Heinz Sautter, Der Güterverkehr auf Schiene und Straße in einem Randgebiet - dargestellt am Beispiel des Raumes Aalen - Heidenheim - Dillingen a. D., Diss. Tübingen 1971

[3] Vgl. Johannes Frerich, Ekkehart Helms und Hansheinz Kreuter, Die raumwirtschaftlichen Entwicklungseffekte von Autobahnen (BAB Karlsruhe-Basel), Forschungsberichte H. 193, hrsg. vom Bundesminister für Verkehr, Bonn-Bad Godesberg, 1975

[4] Vgl. z. B. D. Fürst, Die Standortwahl industrieller Unternehmer: Ein Überblick über empirische Erhebungen, in: Jahrbuch für Sozialwissenschaft, 1971

[5] Vgl. Horst Zimmermann u. a., Regionale Präferenzen, Gesellschaft für Regionale Strukturentwicklung, Schriftenreihe Bd. 2, Bonn 1973

[6] Vgl. den Ansatz einer potentialorientierten Entwicklungstheorie in: D. Biehl, E. Hußmann, K. Rautenberg, S. Schnyder, V. Südmeyer, Bestimmungsgründe des regionalen Entwicklungspotentials, Kieler Studien 133, Tübingen 1975

Unbestritten ist, daß eine Verkehrsinvestition nur Entwicklungsimpulse
zu geben vermag, wenn vorhandene Ressourcen (Bevölkerung, Arbeitskräfte, Rohstoffe, vorhandene Industriebetriebe, attraktives Fremdenverkehrsangebot u. a.) ein Entwicklungspotential in sich bergen. Die Erschließung
eines Gebietes ohne eigene Entwicklungspotentiale wird diesem Gebiet zu
keinerlei Wachstum verhelfen können. Es muß insoweit nicht eine Anpassungsplanung sein (im häufig gebrauchten negativen Sinne: Verzicht auf die
Nutzung induzierter Entwicklungen in der Verkehrsplanung), wenn die Verkehrsplanung sich zunächst auf eine Analyse vorhandener Strukturen stützt.
Denn diese Strukturen bestimmen zugleich wesentlich die Entwicklungspotentiale, die die Verkehrsinvestition zu wecken vermag.

Wenn jedoch nicht die Verkehrsinfrastruktur der Engpaßfaktor für die regionale Entwicklung ist, so hängt die Bewertung einer Verkehrsinvestition
offenbar davon ab, welche komplementären Maßnahmen (Investitionen) mit
ihr verknüpft werden [1]. Die partielle Grenzvertragsfähigkeit der Verkehrsinvestition kann gering sein und so eine Ablehnung der Maßnahme bewirken,
während zugleich die Gesamtertragsfähigkeit eines Bündels sich ergänzender Investitionen überaus günstig sein mag. Diese Konstellation ist vor allem bei Investitionen im ländlichen Raum häufig zu vermuten. Sie stellt
die Bearbeiter von Nutzen-Kosten-Untersuchungen vor kaum lösbare Probleme, sind sie doch nur selten in der Lage, komplementäre Investitionsbündel bewerten und miteinander vergleichen zu können.

Einen teilweisen Ausweg aus diesem Dilemma bietet der Rekurs auf die
Ziele der Raumordnung und Raumentwicklung [2]. Je stärker die Auswirkungen einer Verkehrsinvestition ein Gebiet begünstigen, dessen Entwicklungsstärkung erklärtes Ziel der Raumordnungspolitik ist, desto eher ist zu vermuten, daß auch komplementäre Investitionen in anderen Bereichen im notwendigen Umfange vorgenommen werden. Die Ausnutzung regionaler Entwicklungspotentiale ist hier also tendenziell eher zu erwarten als in durch
eine Verkehrsinvestition begünstigten, jedoch für die Raumordnungspolitik
nicht prioritären Regionen.

Voraussetzung ist jedoch eine Konkretisierung der Ziele der Raumordnung
im Sinne räumlicher Entwicklungsmaßnahmen. Flächendeckende, undifferenzierte Entwicklungsförderung verschließt dem Investitionsplaner diesen
Ausweg. Darüberhinaus wird auch bei Einbeziehung räumlicher Entwick-

---

[1] Anders ausgedrückt: Das regionale Entwicklungspotential, das durch eine
Verkehrsinvestition zu aktivieren ist, ist selbst keine statische Größe.
Es hängt vielmehr von anderen Investitionen ab. Vgl. zum Begriff des
räumlichen Entwicklungspotentials: Heinz Weyl, Räumliches Entwicklungspotential, in: Raumforschung und Raumordnung H. 6/1976, S. 238 ff.

[2] Vgl. insbesondere: Raumordnungsprogramm für die großräumige Entwicklung des Bundesgebietes (Bundesraumordnungsprogramm), beschlossen
von der Ministerkonferenz für Raumordnung am 14. Februar 1975

lungspräferenzen das Mengengerüst der Investitionsbewertung unter einer möglicherweise fehlleitenden ceteris-paribus-Klausel ermittelt. Erst wenn die Bewertung einer Investition räumlich differenzierende Annahmen über weitere komplementäre Investitionen einbezieht, die partielle Grenzertragsfähigkeit also nicht unter status-quo-Bedingungen ermittelt wird, wird das Entwicklungspotential, das durch die Verkehrsinvestition zu wecken ist, "realistisch" eingeschätzt. Ein solcher Bewertungsansatz bedeutet aber zugleich, daß Ziele der räumlichen Entwicklung nicht erst in die Projektbewertung eingehen, sondern über die Auswahl der Maßnahmen bereits in die Ermittlung der Projekterträge. Eine nachträgliche Gewichtung der Erträge würde somit überflüssig, da sie durch die Maßnahmenauswahl bereits vorweggenommen ist.

Bei einem derartigen Vorgehen würde eines der Argumente für die Anwendung moderner Bewertungsverfahren wie der Nutzen-Kosten-Analyse oder der Kostenwirksamkeitsanalyse infrage gestellt werden, nämlich ihr Beitrag zur Transparenz der Investitionsentscheidungen. Da außerdem die räumlichen Ziele der Entwicklungsplanung nur in Ausnahmefällen so konkretisiert werden können, daß sie eine Abschätzung des Bündels komplementärer Investitionen erlauben, und da eine solche Konkretisierung dem Ressortprinzip der öffentlichen Verwaltung zuwiderlaufen würde, wird es in der Praxis schwierig sein, diesen Weg zu beschreiten [1].

Die Ziele der räumlichen Entwicklung werden deshalb nicht für die Definition des "With"- und des "Without"-Falles, definiert als Investitionsbündel mit bzw. ohne die Verkehrsinvestition, eingebracht. Sie kommen vielmehr erst für die Bewertung räumlich unterschiedlicher Projekterträge zum Zuge. Die Projekterträge werden als partielle Grenzerträge der Investition ermittelt, sei es unter status-quo, sei es unter Trendbedingungen, ohne jedoch auf raumordnungspolitisch begründete Investitionsbündel zurückzugreifen [2].

---

[1] Einen Versuch, raumordnungspolitisch begründete räumliche Investitionsbündel zu bestimmen, stellen die sogenannten Standortprogramme in Nordrhein-Westfalen dar. Ihre Konkretisierung stieß allerdings auf erhebliche, noch nicht überwundene Schwierigkeiten. Vgl. Nordrhein-Westfalen-Programm 1975, hrsg. von der Landesregierung Nordrhein-Westfalen, Düsseldorf 1970; Vorläufige Richtlinien für die Aufstellung von Standortprogrammen, Ministerialblatt für das Land NRW, Nr. 85 vom 12. Juli 1971; Planerbüro Zlonicky / Planco Consulting, Ablaufschema zur Erarbeitung von Standortprogrammen in Nordrhein-Westfalen, hrsg. vom Siedlungsverband Ruhrkohlenbezirk, Essen 1971

[2] Vgl. Hans Jürgen Huber, Dieter Steinfels, Bewertung von Straßenbaumaßnahmen im Rahmen der Vorbereitung der Bundesfernstraßenplanung ab 1976, in: Informationen zur Raumentwicklung, H. 8/1975 sowie Leopold Fischer, Eberhard Meyer, Erhard Moosmeyer, Vergleichende Bewertung von Verkehrsinvestitionen des Bundes, in: Internationales Verkehrswesen, H. 1/1977, S. 12 ff.

Die hier vorgelegte Untersuchung wählte aus den genannten praktischen
Gründen denselben Weg, wie er später für die Bundesfernstraßenplanung
beschritten wurde: Zunächst werden die Projekterträge ohne Berücksichtigung übriger raumordnungspolitischer Maßnahmen (in Form von Investitionsbündeln) ermittelt, sodann werden diese Erträge unter Bezugnahme
auf die Ziele der Raumordnung bewertet. Dieses Vorgehen entspricht dem
Bewertungsablauf, wie er in den "Vorläufigen Verwaltungsvorschriften zur
Bundeshaushaltsordnung" bzw. den "Erläuterungen zur Durchführung von
Nutzen-Kosten-Untersuchungen" [1] beschrieben wird.

Dieses Vorgehen rechtfertigt sich auch aus der Annahme, daß die in der
Vergangenheit beobachteten räumlichen Entwicklungsdifferenzierungen
durch raumordnungspolitisch begründete Investitionsbündelungen nicht grundsätzlich umgekehrt werden können oder sollen. Die Raumordnungspolitik
geht davon aus, daß die Grundstruktur der Raumentwicklung in der Bundesrepublik so weitgehend gefestigt ist, daß nur noch Möglichkeiten für eine
tendenzverstärkende oder -abschwächende bzw. kanalisierende Investitionsplanung bestehen [2]. Aber selbst dann bleibt in Einzelfällen der Ansatz der
partiellen Ertragsermittlung in Nutzen-Kosten-Analysen nicht frei von der
Gefahr, gerade wegen seiner "Zielneutralität" zu Fehlleitungen von Investitionen zu führen. Eine solche Fehlleitung tritt dann ein, wenn

- die Projekterträge alternativer Investitionen (Investitionsstandorte)
  für eine Lokalisierung in einer Region sprechen, die raumordnungspolitischen Ziele aber die andere Region favorisieren,

- die höhere Gewichtung der Erträge in der favorisierten Region nicht
  ausreicht, um ihren Ertragsrückstand auszugleichen, jedoch

- bei Berücksichtigung komplementärer raumordnungspolitisch begründeter Investitionen in der favorisierten Region die gewichteten Projekterträge hier größer wären als in der nichtfavorisierten Region.

In diesem Fall wird die Investition in der nichtfavorisierten Region befürwortet, obwohl unter Berücksichtigung komplementärer Investitionen gerade die umgekehrte Empfehlung angemessen gewesen wäre [3].

---

[1] Min. blatt des Bundesministers der Finanzen und des Bundesministers
für Wirtschaft (MinBlWF) 1973
[2] Vgl. Raumordnungsprogramm für die großräumige Entwicklung des Bundesgebietes (Bundesraumordnungsprogramm a.a.O. S. 1)
[3] Tendenziell begünstigt diese Verzerrung die bestehenden Entwicklungsschwerpunkte und benachteiligt Gebiete mit Entwicklungsrückständen

1.3 VERKEHRLICHE EFFEKTE ALS INDIKATOR VOLKSWIRTSCHAFTLICHER NUTZEN

Dieser Untersuchung liegt die These zugrunde, daß eine Verkehrsinvestition volkswirtschaftlichen Nutzen nur dann und insoweit erzeugen kann, als sie verkehrliche Effekte hervorbringt. Verkehrliche Effekte einer neuen Eisenbahnstrecke liegen in [1]

- Reisezeitverkürzungen für den "Altverkehr" (Verkehre, die bereits vorher die zu ersetzende alte Strecke benutzt haben);

- Erzeugung von "Neuverkehr", d.h. von Fahrten bzw. Transporten, die ohne die Investition nicht stattgefunden hätten;

- Verkehrsverlagerungen zwischen den Verkehrsträgern (Verschiebungen des modal split zugunsten des Verkehrsträgers, in dessen Bereich die Investition stattfindet).

Entstehen weder Neuverkehre noch Veränderungen im modal split ("converted traffic"[2]), so empfinden die Verkehrsnachfrager das neue Angebot offenbar nicht attraktiv. Insoweit können volkswirtschaftliche Effekte nur auftreten als

- Verkehrsverbesserungen für den Altverkehr

- betriebswirtschaftliche Verbesserungen (Kostensenkungen) für den Verkehrsbetrieb.

Beschränkt sich ferner der Altverkehr auf Durchgangsverkehre durch die betrachtete Region, so treten regionalwirtschaftliche Effekte nicht auf.

Regionalwirtschaftliche Effekte können daher, abgesehen von verkehrlichen Verbesserungen im Altverkehr von und nach der betroffenen Region, nur dann entstehen, wenn und soweit ein Mehrverkehrsaufkommen bei der Bahn entsteht. Dies bedeutet nicht, daß

- regionalwirtschaftliche Effekte gleich verkehrlichen Effekten sind oder daß

- mit der Bestimmung verkehrlicher Effekte bereits die regionalwirtschaftlichen Effekte bestimmt sind.

Jedoch wird in dieser Untersuchung der Versuch unternommen, verkehrliche in regionalwirtschaftliche Effekte zu transformieren. Dies ist möglich, wenn die Hypothese untermauert werden kann, daß zwischen verkehr-

---

[1] Vgl. R. E. Schmidt und M. E. Campbell, Highway Traffic Estimation, Saugatuck/USA, 1956, S. 4 f.
[2] ebenda

lichen und regionalwirtschaftlichen Daten ein stringenter Zusammenhang
besteht.

Wesentlicher Bestandteil der regionalwirtschaftlichen Untersuchung ist daher die Ermittlung der verkehrlichen Folgen der diskutierten Investitionsalternativen. Besondere Bedeutung kommt dabei dem Neuverkehr zu. Dieser Neuverkehr wird in Verkehrsplanungen vielfach vernachlässigt. In klassischen Generalverkehrsplanungen wird i. a. die Verkehrsmenge (Fahrtenzahl als Produkt aus spezifischer Fahrtenhäufigkeit pro Einwohner oder Beschäftigten und der Anzahl sowie räumlichen Verteilung von Einwohnern und Beschäftigten) vorgegeben. Alternative Verkehrsnetze werden nur im Hinblick auf die Routenwahl und damit die Belastung einzelner Abschnitte getestet.

Die Verkehrserzeugung alternativer Netze bleibt außer Ansatz. Entsprechendes gilt für den modal split. Diese Vereinfachung mag bei graduellen Veränderungen des Verkehrsangebots akzeptabel sein. Bei wesentlichen Änderungen jedoch kann sie nicht aufrecht erhalten werden. Entsprechend gehen in die Projektbewertungen nach der Bundesfernstraßenplanung nicht nur Verkehrsmengen nach der Trendprognose ein, sondern auch Verkehrsmengen unter der Annahme der Investitionsvornahme [1] [2].

1.4 REGIONALE VERTEILUNGSWIRKUNGEN UND VOLKSWIRTSCHAFTLICHE PROJEKTBEWERTUNG

Es war bereits darauf hingewiesen worden, daß es in Bewertungen von Projekten unterschiedlicher Standorte schwer fällt, zwischen Effekten zu unterscheiden, die die räumliche Verteilung von Aktivitäten verschieben und solchen, die einen Nettoaktivitätszuwachs für die Volkswirtschaft bedeuten.

Verteilungswirkungen von Investitionen wurden in der Theorie gesamtwirtschaftlicher Projektbewertungen, insbesondere der Nutzen-Kosten-Analyse, lange Zeit als irrelevant betrachtet. Dies heißt nicht, daß solche Wirkungen nicht gesehen wurden. Es wurde jedoch angenommen, "daß Verteilungsziele in einem modernen Staatswesen am besten auf dem Wege der Besteuerung und mit Hilfe von Transferzahlungen durchgesetzt werden können. Wenn die politisch angestrebte Einkommensverteilung auf diesem Wege erreicht worden ist, kann mit der traditionellen Kosten-Nutzen-Analyse nach dem gesamtwirtschaftlichen Effizienzkriterium über staatliche Vorhaben entschieden werden. Soweit diese Vorhaben selbst unerwünschte Verteilungswirkungen erzeugen, müßten diese nach der gleichen Logik

---

[1] Vgl. H. J. Huber, Dieter Steinfels, a. a. O.
[2] Zur Prognose des Neuverkehrs vgl. Holger Platz, Ökonomische Perspektiven einer Überbrückung des Fehmarn-Belt, Göttingen 1969

durch zusätzliche steuerliche oder Transfermaßnahmen neutralisiert werden."[1]

Die hier zum Ausdruck gekommenen Annahmen entsprechen eher idealtypischen Bedingungen theoretischer Modelle als realen Problemen. Nicht selten sind es gerade die Verteilungsaspekte, die einem Projekt zugeschrieben werden, die die Investitionsentscheidung begründen. Hiermit zusammenhängend ist die Frage zu verneinen, ob es genügt, daß die Möglichkeit besteht, bestimmte Verteilungswirkungen auch anders zu erzeugen, oder ob es nicht darauf ankommt, ob diese Verteilungswirkungen auch tatsächlich erzeugt werden. Die Frage: "Can the size of the cake be maximized independently of who gets what?"[2] wird daher zunehmend negativ beantwortet[3].

Zweierlei Verteilungseffekte sind von Bedeutung: Einflüsse auf die personelle und auf die regionale Wohlstandsverteilung. Während die Theoriediskussion sich vorwiegend mit der personellen Verteilung befaßt[4], stehen im Vordergrund der Diskussion vor allem um Verkehrsinvestitionen die regionalen Verteilungseffekte[5].

Zwischen beiden Dimensionen besteht zwar insofern eine Übereinstimmung, als in beiden Fällen Verteilungsziele zugunsten der Ärmeren (Personen, Regionen) formuliert werden. Indessen ist keineswegs sichergestellt, daß Verteilungswirkungen zugunsten benachteiligter Regionen zugleich den benachteiligten Personen (Einwohnergruppen) zugute kommen. Ein positiver Verteilungseffekt im räumlichen Sinne kann daher von einem negativen personellen Verteilungseffekt begleitet sein.

Wegen der Schwierigkeit, personelle Verteilungseffekte einer Verkehrsinvestition vorherzusagen, werden sie in der Praxis der Nutzen-Kosten-Analyse bestenfalls verbal beschrieben. Dabei dient z.T. als Hilfskonstruktion die vermutete funktionelle Einkommensverteilungswirkung (Verteilung auf betroffene Gruppen wie: Haushalte, Unternehmen, Staat), die ihrer-

---

[1] Planco Consulting-GmbH, Nutzen-Kosten-Untersuchung für die Verbesserung der seewärtigen Zufahrt durch den Ausbau des Emder Hafens, Essen-Hamburg 1976, S. 23
[2] Richard Layard (Ed.), Cost-Benefit Analysis, Penguin Education, Middlesex/England, 2nd Ed., 1974, S. 57
[3] Vgl. u.a. O. Eckstein, A survey of the theory of public expenditure criteria, in: R.W. Houghton (ed.), Public Finance, Penguin, 1961; B.A. Weisbrod, Income redistribution effects and benefit-cost analysis, in: Chase Jr. (ed.), Problems in Public Expenditure Analysis, The Brookings Institution, 1968, S. 177 ff.; S.A. Marglin, Public Investment Criteria, Allen u. Unwin, 1976
[4] R. Layard, a.a.O., S. 58 ff.
[5] So z.B. in der Bundesfernstraßenplanung, vgl. Huber/Steinfels, a.a.O.

seits wieder keinen eindeutigen Zusammenhang mit der personellen Einkommensverteilung aufweist.

1.5 VORGEHENSWEISE DIESER UNTERSUCHUNG

Die Vorgehensweise dieser Untersuchung wird durch zwei Hauptphasen bestimmt:

(1) Ermittlung der regionalwirtschaftlichen Effekte der Trassenvarianten,

(2) Raumplanerische Beurteilung der ermittelten Effekte.

Die regionalwirtschaftlichen Effekte werden mit Hilfe des Instrumentariums der Kosten-Wirksamkeits-Analyse dargestellt. Sie erlaubt eine Bewertung in nicht-monetären Skalen, soweit die monetäre Bewertung nicht oder nur krampfhaft möglich ist. Dies trifft auf die vorliegende Untersuchung besonders zu, da nach dem heutigen Stand der wissenschaftlichen Forschung eine monetäre Bewertung der struktur- und regionalpolitischen Effekte von Verkehrsinvestitionen nur zum Teil möglich ist. In der Regel werden solche Effekte sogar bewußt ganz außer acht gelassen [1]. Der gewählte Ansatz erlaubt es, den Kostendifferenzen auch regionalwirtschaftliche Vor- und Nachteile gegenüberzustellen.

Als wesentliche Nutzen- bzw. Kostenkategorien werden berücksichtigt:

- Nutzen
    0 Reisezeitersparnisse im Altverkehr
    0 Steigerung der regionalen Wirtschaftsaktivitäten (Beiträge zu den Bruttoregionalprodukten)
- Kosten
    0 Investitionskostendifferenzen
    0 Betriebskostenveränderung der Bundesbahn

Nicht berücksichtigt werden Zeit- oder Kostenersparnisse des von anderen Verkehrsmitteln auf die Bahn überwechselnden Altverkehrs (modal-split-Veränderungen). Dies ist einerseits mit den vielen ungelösten theoretischen Problemen zu begründen:

---

[1] Vgl. die Beurteilung von Investitionen im Fernreiseverkehr der Deutschen Bundesbahn und im Luftverkehr der Bundesrepublik Deutschland bis 1980, Schriftenreihe des Bundesministers für Verkehr, Heft 40, 1972, Band 2, S. 609 f.

- Probleme der Prognose von modal-split-Veränderungen
- Probleme der Nutzenbewertung für die den Verkehrsträger wechselnden Nachfrager [1]

Zum anderen erscheint die Vermutung gerechtfertigt, daß die Einflüsse der Neubaustrecken auf den modal split unter regionalwirtschaftlichen Aspekten ein geringes Gewicht haben [2].

Die Quantifizierung der vermehrten regionalen Wirtschaftsaktivitäten wird nicht über Prognosen der Kommunikationsintensivierung verschiedener Gruppen, der veränderten Standortbedingungen, Bevölkerungswanderungen, Betriebsansiedlungen etc. vorgenommen. Vielmehr erfolgt sie als Abbildung des entstehenden Neuverkehrs, nachdem der Nachweis eines Zusammenhanges zwischen Verkehrsaufkommen und regionaler Wertschöpfung geführt worden ist [3].

Die raumplanerische Beurteilung der regionalen Effekte erfolgt durch eine Gegenüberstellung von Entwicklungszielen der Raumordnung und der regionalen Wirtschaftsförderung einerseits und Indikatoren regionaler Betroffenheit durch die Verkehrsinvestitionen andererseits. Als Indikatoren werden quantifizierbare Größen wie Einwohnerzahlen, betroffene (verkehrsabhängige) Arbeitsplätze u. ä. verwendet [4].

Es wird nicht der Versuch unternommen, die regionalwirtschaftlichen Bruttoeffekte aufzuspalten nach

- Effekten, die in gleicher Höhe auch bei volkswirtschaftlicher Betrachtung entstehen und

- Effekten, die bei volkswirtschaftlicher Betrachtung nicht in die Bewertung eingehen, weil es sich lediglich um räumliche Aktivitätsverlagerungen zugunsten der hier betrachteten Regionen und zu Lasten "dritter" Regionen handelt.

Im Vordergrund der Untersuchung steht also nicht die Frage nach dem Anteil der betrachteten Regionen an den volkswirtschaftlichen Nutzen der Neubaustrecke überhaupt, sondern nach den Wirkungen der Trassenvarianten in den betrachteten Regionen.

---

[1] Eine solche Bewertung setzt die Kenntnis der Nachfragefunktion voraus. Der Ansatz, die Nutzenhöhe mit dem halben Wert des Nutzens im Neuverkehr je Reisenden zu bewerten, erscheint hier nicht zweckmäßig.
[2] Stärker werden die Effekte im durchgehenden Fernreiseverkehr sein.
[3] Siehe Kapitel 10
[4] Siehe Kapitel 10

Die Trassenvarianten werden durch Untersuchungen der Deutschen Bundesbahn folgendermaßen vorgegeben:

Variante I: Hannover - Elze - Holzminden - Kassel

Variante II: Hannover - Elze - Göttingen - Kassel

Variante III: Hannover - Hildesheim - Göttingen - Kassel

Diese Varianten hat sie aus ihrer Sicht unter technischen und betriebswirtschaftlichen Gesichtspunkten untersucht [1]. Teile der DB-Untersuchung, wie Betriebsprohramme, Investitionskosten und Betriebskosten, Prognosen des Durchgangsverkehrs und Ansätze, wie z. B. Aussagen über allgemeine Mobilitätszuwächse, wurden übernommen.

Nicht übernommen wurden die Prognosen des Verkehrs, da sich deren Regionalisierung nicht durchführen ließ. In der vorliegenden Untersuchung kommt es hingegen gerade darauf an, regionalwirtschaftliche Konsequenzen von Trassenvarianten zu berücksichtigen. Da regionale Vor- und Nachteile einer Verkehrsinvestition über die Reaktion der Verkehrsnachfrager gemessen werden sollen, mußte ein Prognosemodell entwickelt werden, das in seinen Aussagen eine regionale Differenzierung erlaubt und die Wirkungsweise unterschiedlicher Strukturen von Teilregionen berücksichtigt.

2. Grundlagen

1.2 KÜNFTIGES SCHIENENVERKEHRSANGEBOT

2.1.1 Das Ausbauprogramm für das Netz der Deutschen Bundesbahn

Der Vorstand der Deutschen Bundesbahn hat 1970/71 das "Ausbauprogramm für das Netz der Deutschen Bundesbahn" vorgelegt [2]. Das Programm wird eingeleitet durch "Zielsetzungen für den Eisenbahnverkehr im Rahmen einer integrierten Verkehrswegeplanung" und enthält einen fünfteiligen Maßnahmenkatalog, in dem der Neubau sogenannter Ergänzungsstrecken an erster Stelle steht. Inzwischen wurde die "Neue Unternehmenskonzeption der Deutschen Bundesbahn"[3] vorgestellt, die das Ausbauprogramm in den

---

[1] Vgl. Deutsche Bundesbahn, Zentrale Transportleitung, Erläuterungsbericht zur Planung der Neubaustrecke Hannover-Gemünden, Streckenabschnitt Rethen - Kassel, Mainz, 1974

[2] DB-Vorstand 42 Ia 1577/Pl 1 Xav 23, Ausbauprogramm für das Netz der Deutschen Bundesbahn, Text und Anlagenband, vom 28.8.1970, Stand Januar 1971

[3] Die Stabilisierung der wirtschaftlichen Lage der DB, Neue Unternehmenskonzeption des Vorstandes der DB, Bericht des Vorstandes der DB an den Bundesminister für Verkehr am 24.5.1973, Die Bundesbahn 1973, Heft 6

Rahmen einer langfristigen Unternehmensstrategie einordnet.

F. Laemmerhold, Vorstandsmitglied der Deutschen Bundesbahn, hat die Zielsetzungen des Ausbauprogramms erläutert [1]:

- Das Ausbauprogramm für das Netz der Deutschen Bundesbahn ist als Beitrag zu einem koordinierten Bundesverkehrswegeprogramm gedacht, der die besonderen Vorteile elektrifizierter Eisenbahnen nutzt: Hohe Verkehrsleistungen auf raumsparendem Verkehrsweg, Reinhaltung der Luft und des Untergrundes sowie geringe Geräuschbelästigung. Es ist ausgerichtet auf eine weitgehende Integration der Eisenbahn mit den anderen Verkehrsmitteln.

- Es orientiert sich an einem stetig wachsenden Verkehrsbedürfnis, das gekennzeichnet ist durch steigende Verkehrsmengen und die Forderung nach kurzen Transportzeiten, häufigen Transportmöglichkeiten, zuverlässiger Bedienung bei höchstem Komfort und angemessenem Entgelt.

- Das Ausbauprogramm berücksichtigt die raumordnerischen Zielsetzungen nach dem Bundesraumordnungsgesetz und die internationalen Verkehrsverflechtungen [2].

Oberste Priorität hat die Beseitigung von Kapazitätsengpässen auf den überlasteten Nord-Süd-Strecken. Die Engpässe lassen sich für die Strecke Hannover - Würzburg mit folgenden Zahlen illustrieren [3]:

Verkehrsbelastung 1970   142 Züge je Werktag und Richtung
                        1985   244   "
Leistungsfähigkeit   144   "

An zweiter Stelle folgt das strategische Ziel, die Stellung des Unternehmens Deutsche Bundesbahn wirtschaftlich zu sichern. Dies soll langfristig

---

[1] F. Laemmerhold, DB-Ausbauprogramm und Bundesverkehrswegeplanung, Raum und Siedlung 1971, Heft 11 (Auszüge)

[2] Während es allerdings im Ausbauprogramm heißt: "... Die Neubaustrecken sollen auch bisher eisenbahnmäßig schlecht erschlossenen, im Zuge der Raumordnung zu fördernden oder in tatsächlicher Entwicklung aufstrebenden Gebieten dienen", kommentiert Laemmerhold: "Die Ergänzungsstrecken ... können zu einer besseren Verkehrserschließung beitragen...". Weitere Erläuterungen darüber, wie die Deutsche Bundesbahn raumordnerische Zielsetzungen bei der Trassierung der Neubaustrecken und beim Entwurf der Betriebsprogramme berücksichtigt hat, konnten nicht gefunden werden.

[3] Bundesverkehrswegeplan, Bundestags-Drucksache 7/1045

durch automatisierte Produktionsabläufe auf einem konzentrierten Wegenetz geschehen. Voraussetzung dafür ist eine Umgestaltung des aus dem 19. Jahrhundert stammenden Streckennetzes.

Die Maßnahmen des Ausbauprogramms sind ein wesentlicher Schritt in dieser Richtung. Sie gliedern sich in folgende fünf Gruppen:

- Neubau von Ergänzungsstrecken (Neubaustrecken)
- Ausbau vorhandener Strecken (Ausbaustrecken)
- Ausbau der Streckenausrüstung (Oberbau, Signaltechnik, Elektrifizierung, Beseitigung von Bahnübergängen u. a.)
- Ausbau der Knotenbahnhöfe im Personen- und Güterverkehr
- Ausbau von S-Bahnnetzen in Ballungsräumen

Die vorliegende Untersuchung greift zwar einen Abschnitt einer Nebenbaustrecke heraus, zum Verständnis der Trassierungsvorschläge und Betriebsprogramme der Deutschen Bundesbahn ist es jedoch wichtig, diesen Streckenabschnitt im Zusammenhang des Maßnahmebündels zu sehen.

2.1.2 Neubaustrecken im Untersuchungsraum

Das Ausbauprogramm für das Netz der Deutschen Bundesbahn sieht den Neubau von insgesamt 12 Strecken mit einer Gesamtlänge von 2.134 Kilometern vor. Hinzu kommt der Ausbau von 1.270 Kilometern vorhandener Strecken [1]. Das aufwendige Neubauprogramm ist in Zeitstufen unterteilt worden.

In einer 1. Stufe sollen bis 1985 vier Neubaustrecken mit 630 Kilometer Länge fertiggestellt und zusammen mit den ausgebauten vorhandenen Strecken in Betrieb genommen werden. Die längste dieser Neubaustrecken ist diejenige zwischen Hannover und Gemünden (280 km), die über Kassel geführt wird. In Hannover schließen Ausbaustrecken nach Dortmund, Hamburg und Braunschweig an. Im Süden wird die Neubaustrecke verlängert durch Ausbaustrecken nach Frankfurt einerseits und München andererseits.

Unter den übrigen 8 Neubaustrecken, die nicht in der 1. Stufe des Ausbauprogramms enthalten sind, befinden sich zwei, die den weiteren Untersuchungsraum berühren:

        o   Bremen-Bielefeld-Paderborn-Gießen-Friedberg und
        o   Kassel-Paderborn-Dortmund

---

[1] Battelle/Treuarbeit/Dornier, Die Beurteilung von Investitionen im Fernreiseverkehr der Deutschen Bundesbahn und im Luftverkehr der BRD bis 1980, 1972, S. 171 bzw. 184

Beide Strecken würden Ostwestfalen gut mit dem übrigen Bundesgebiet verbinden. Die Ost-West-Strecke würde außerdem für Südniedersachsen und Nordhessen den fehlenden Direktanschluß an den Wirtschaftsraum des Rhein-Ruhr-Gebiets herstellen. Da jedoch nicht zu erfahren war, wann diese Strecken realisiert und mit welchen Betriebsprogrammen sie betrieben werden, mußten sie bei dieser Untersuchung außer Betracht bleiben.

Hauptmerkmal aller Neu- und Ausbaustrecken ist, daß sie künftig mit Höchstgeschwindigkeiten von 200 km/h befahren werden [1]. Die Neubaustrecken sollen außerdem eine möglichst gestreckte Linienführung erhalten. Große Kurvenradien und Tunnelquerschnitte, kleine Längsneigungen und als Folge davon viele Kunstbauten werden diese Strecken kennzeichnen.

2.1.3 Neubaustrecke Hannover - Kassel

2.1.3.1 Räumliche Abgrenzung

Im Bereich Hannover - Rethen verläuft die Neubaustrecke parallel zur vorhandenen Strecke. Mit der Ausführung wurde bereits begonnen. Alle nachfolgend zu diskutierenden Trassenvarianten beginnen deshalb in Rethen.

Als südlicher Endpunkt der Trassenvarianten ist von der Deutschen Bundesbahn einheitlich Heckershausen, rd. 5 km nördlich von Kassel-Wilhelmshöhe, angenommen worden. Die Stadt Kassel hat jedoch kürzlich 4 Alternativen zur Trassenführung im Raum Kassel zur Diskussion gestellt [2], von denen nur eine (I) über Heckershausen führt.

Die Diskussion über diese Alternativen ist noch nicht abgeschlossen. Die Alternativen III und IV hätten gegenüber der Alternative I, die den Planungen der Deutschen Bundesbahn für die Neubaustrecke Rethen - Kassel zugrundeliegt, Vorteile für die Göttinger Variante durch Streckenverkürzungen und damit durch Verringerung der höheren Investitionskosten dieser Variante [3]. Die Deutsche Bundesbahn weist jedoch darauf hin, daß diese Streckenverkürzungen später mit folgenden Streckenverlängerungen für die Neubaustrecke Kassel - Dortmund [4] verbunden sein würden (vgl. Tab. 2-1):

---

[1] Die Neubaustrecken werden für eine spätere Erhöhung der Geschwindigkeit auf 300 km/h projektiert.
[2] Magistrat der Stadt Kassel, in 1, Informationsschrift zur Neubaustrecke der Bundesbahn als Diskussionsgrundlage für die Bürger der Stadt Kassel, Dezember 1973
[3] Vgl. Kap. 4
[4] Vgl. Kap. s. 1.2

Tabelle 2 - 1: Veränderung der Streckenlängen im Raum Kassel durch die Alternativen III und IV gegenüber Alternative I [1]

Neubaustrecke	Alternative	
	III	IV
Hannover - Kassel	- 8,7 km	- 6,5 km
Kassel - Dortmund	+ 6,5 km	+ 7,5 km

Quelle: Angaben der Deutschen Bundesbahn a.a.O.

Diese Untersuchungen gehen - wie der Erläuterungsbericht der Deutschen Bundesbahn zur Planung der Neubaustrecke Rethen - Kassel - vom Streckenendpunkt Heckershausen aus.

2.1.3.2 Trassenvarianten der Deutschen Bundesbahn

Die Deutsche Bundesbahn hat zur Streckenführung zwischen Rethen und Heckershausen drei Varianten mit je zwei Untervarianten untersucht [2]:

Variante I Rethen - Elze - Holzminden - Heckershausen
  Untervarianten:
    I a: Linienführung westlich von Elze
    I b: Linienführung östlich von Elze

Variante II Rethen - Elze - Göttingen - Heckershausen
  Untervarianten:
    II a: Linienführung westlich von Elze
    II b: Linienführung östlich von Elze

Variante III Rethen - Hildesheim - Göttingen - Heckershausen
  Untervarianten:
    III a: Unterfahrung von Sarstedt und Anlage eines Bahnhofs "Hildesheim-West"
    III b: Westliche Umgehung von Sarstedt

Ein stufenweiser Variantenvergleich ergab zunächst, daß die Variante III b "mit den niedrigsten Baukosten und bei etwa ausgeglichenen Vor- und Nachteilen im betrieblichen Bereich"[2] den Varianten II a und II b vorzuziehen ist.

---

[1] Stellungnahme der Deutschen Bundesbahn / Zentrale Transportleitung vom 19.4.1974
[2] Deutsche Bundesbahn, Erläuterungsbericht zur Planung der Neubaustrecke Rethen - Kassel, 1974

Die Entscheidung zwischen den Varianten I a und I b zugunsten der Variante I b wurde mit Rücksicht auf die künftige städtebauliche Entwicklung von Elze gefällt. Bei Variante I a wäre Elze allseitig durch Bahntrassen eingeschnürt worden.

Zu der mit der Variante III a verbundenen Unterfahrung von Sarstedt hat die Deutsche Bundesbahn bautechnische und kostenmäßige Untersuchungen durch ein Ingenieurbüro durchführen lassen. Sie ist zu dem Schluß gekommen, daß "die Baukosten und wasserhaushaltstechnischen Schwierigkeiten durch den zu erwartenden verkehrlichen Gewinn bei Anlage eines Bahnhofs "Hildesheim-West" an der Variante III a nicht aufgewogen werden."[2] v. S.

Zu erwähnen ist noch der Vorschlag der Stadt Göttingen[1], die Variante III zwischen Rethen und Sibbesse dadurch zu modifizieren, daß die Trasse weiter westlich über Elze geführt wird. Die Deutsche Bundesbahn hat dazu auf Anfrage mitgeteilt, daß sie diese Streckenführung ebenfalls untersucht hat: "Diese gegenüber Variante III b um rd. 30 Mio. DM billigere Lösung wurde abgelehnt, weil sie den gegenüber der Variante I bestehenden Umweg über Göttingen um zusätzlich 6 km verlängert, womit wir uns einen weiteren Schritt von unserem Gesamtziel - der möglichst direkten und schnellen Verbindung der Wirtschaftszentren - entfernen würden."[2]

Diese Voruntersuchungen führten zu dem Schluß, daß der Trassenvergleich auf die Varianten I b und III b zu konzentrieren ist. Die Deutsche Bundesbahn hat deshalb in ihrem Erläuterungsbericht auch nur zu diesen beiden Varianten Trassenschnitte, Betriebsprogramme und Kostenermittlungen veröffentlicht.

Die nachfolgenden Untersuchungen bauen auf diesen Informationen auf. In der Abbildung 2 - 1 sind die beiden Varianten mit den Bezeichnungen H 2 und G 2 zusammen mit dem übrigen Streckennetz dargestellt[3]. Verknüpfungen zwischen der Neubaustrecke und dem vorhandenen Streckennetz sind im Raum Hildesheim - Elze und in Göttingen vorgesehen[4].

2.1.3.3 Betriebsprogramme

Die Betriebsprogramme der Deutschen Bundesbahn zeigen, wie sie sich die betriebliche Realisierung ihrer Zielsetzungen vorstellt. Der Erläuterungsbericht zur Planung der Neubaustrecke Rethen - Kassel enthält Be-

---

[1] Stadt Göttingen-Bauverwaltung, Ergänzungsstrecke der DB Hannover - Göttingen - Kassel, Oktober 1973
[2] Schreiben der Deutschen Bundesbahn/Zentrale Transportleitung vom 19.4.1974
[3] Vgl. auch Kap. 2.3 und 3.1.3
[4] Eine Verknüpfung im Raum Holzminden scheidet jedoch wegen topografischer Schwierigkeiten aus. Der Höhenunterschied zur Strecke Holzminden - Kreiensen beträgt mehr als 20 Meter.

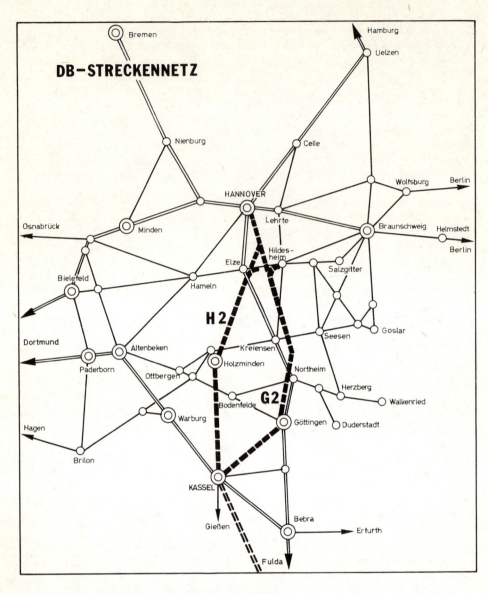

Abb. 2 - 1: DB-Streckennetz

legungspläne für die Strecken zwischen Hannover und Kassel mit der Zahl der Züge je Zugart. Darüberhinaus enthalten mehrere Tabellen und Abbildungen Informationen über die künftigen Reisezeiten und ausgewählten Verkehrsschwerpunkten [1].

Personenverkehr

Die Belegungspläne geben Auskunft über die künftigen Zugzahlen auf folgenden Strecken des Untersuchungsraumes:

- Neubaustrecke Hannover - Kassel
- Leinetalstrecke Hannover - Kreiensen - Göttingen
- Strecke Göttingen - Eichenberg - Kassel
- Strecke Göttingen - Bebra

Tabelle 2 - 2 zeigt die Zugzahlen nach Zugarten für die Varianten Holzminden (H) und Göttingen (G).

Tabelle 2 - 2: Künftige Streckenbelegung im Personenverkehr (Züge je Tag und Richtung)

Strecke	Variante H			Variante G		
	IC	D	P_z [2]	IC	D	P_z [2]
Neubaustrecke H.-K.	28	35/40	-	28[1]	55/65	-
Hannover-Göttingen	-	30/40	25	-	10/15	25
Göttingen-Kassel	6DC	15/25	25	-	-	25
Göttingen-Bebra	-	15/20	10	-	10/15	10

Quelle: Angaben der Deutschen Bundesbahn a. a. O.

[1] zuzüglich 6 DC zwischen Göttingen und Kassel
[2] Eil- und Nahverkehrszüge

Folgende wesentlichen Unterschiede zwischen den beiden Varianten lassen sich erkennen:

- Bei Variante G werden 20/25 D-Züge mehr als bei Variante H über die schnelle Neubaustrecke geführt. Die Gesamtzahl aller Personenzüge auf der Neubaustrecke beträgt bei Variante H 63/68, d. h. 61% aller vorgesehenen Züge [2]. Bei Variante G sind es 83/93, das sind 81% aller Züge [3]. Bei Variante H werden also schnellere Personen-

---

[1] Zum Vergleich sind dort i. a. auch die heutigen Belegungen und Reisezeiten angegeben.
[2] Gesamtzahl 103/113
[3] Gesamtzahl 103/118

und langsamere Güterzüge gemischt gefahren [1], während bei Variante G die Personenzüge dominieren.

- Umgekehrt verkehren auf der langsameren Strecke im Leinetal bei Variante H rd. dreimal so viele D-Züge wie bei Variante G, um das Oberzentrum Göttingen ohne Neubaustrecke ausreichend im Verkehr nach Norden zu bedienen.

- Entsprechend müssen bei Variante H 6 DC-Züge und 15/25 D-Züge über die zeitraubende Strecke Göttingen - Eichenberg - Kassel geführt werden, um Göttingen mit Kassel und den schnellen Verkehren auf der Neubaustrecke nach Süden zu verbinden.

Die Belegungspläne kennzeichnen zwar, daß alle über Göttingen geführten Züge dort auch halten, für den potentiellen Haltepunkt Holzminden an der Neubaustrecke (Variante H) fehlen solche Festlegungen jedoch. Es wird im Folgenden davon ausgegangen, daß in Holzminden ein Haltepunkt eingerichtet wird, wie es im Landes-Entwicklungsprogramm verlangt wird [2].

Die unterschiedlichen Trassenführungen und Streckenbelegungen der beiden Varianten H und G kommen deutlich in den Reisezeiten der Haltepunkte Holzminden und Göttingen zum Ausdruck (vgl. Tab. 2 - 3) [3].

Tabelle 2 - 3: Künftige kürzeste Reisezeiten (Minuten)

von \ nach	Haltepunkt			
	Holzminden		Göttingen	
	H	G	H	G
Hamburg	114	162	135	117
Hannover	34	82	55	38
Kassel	26	97	46	18
Frankfurt	119	185	139	107
München	232	298	220	252

Quelle: Eigene Ermittlungen nach Angaben der Deutschen Bundesbahn

Die Zeitersparnisse betragen für Holzminden durch die Variante H im Verkehr nach Norden 48 Minuten, nach Süden 71 Minuten. Für Göttingen sind die Werte durch die vorhandene Leinetalstrecke kleiner: Bei Variante G

---
[1] Soweit nicht eine Trennung nach Tages- und Nachtstunden erfolgt
[2] Landes-Entwicklungsprogramm Niedersachsen 1985, S. 398. Zur Frequenz der in Holzminden haltenden Züge vgl. Kap. 3.2.3
[3] Die Deutsche Bundesbahn rechnet auf der Neubaustrecke mit folgenden Höchstgeschwindigkeiten: IC-Züge 200 km/h, D-Züge 160 km/h.

werden im Verkehr nach Norden 17 Minuten, nach Süden 28 Minuten eingespart.

Für die übrigen Strecken des Untersuchungsraumes enthält der Erläuterungsbericht der Deutschen Bundesbahn nur punktuelle Angaben. Soweit erforderlich wurden ergänzende Informationen über Fahrzeiten und Zugfrequenzen auf den Anschlußstrecken dem Kursbuch 1973/74 entnommen.

Güterverkehr

Im Güterverkehr sind zwei Aspekte der Neubaustrecke zu unterscheiden:

- Entmischung der Güter- und Personenzüge zur Vermeidung gegenseitiger Behinderungen

- Unterschiedliche Bedienung des Bezirksrangierbahnhofs Göttingen

Die Mischung der unterschiedlich schnellen Güter- und Personenzüge auf der Neubaustrecke ist bei der Variante H größer als bei der Variante G [1]. Das bedeutet einen Nachteil für die Variante H, soweit nicht eine tageszeitliche Trennung der Zugarten vorgenommen werden kann. Der größere Teil der schnellen Güterzüge, der bei Variante H über die Neubaustrecke geführt wird [2], hat jedoch den Vorteil, nicht durch langsamere Personen- und Güterzüge behindert zu werden, wie dies auf der Leinetalstrecke bei der Variante G der Fall sein kann. Die Bundesbahn beabsichtigt, mit der Konzeption der schnellen und "weitspringenden" Güterzüge auf den Neubaustrecken im gesamten Netz die Bedienungsqualität im gesamten Güterverkehr zu verbessern. Diese Züge verkehren nur zwischen den großen Rangierbahnhöfen [3].

Zur künftigen Bedienung des Bezirksbahnhofs Göttingen teilte die Deutsche Bundesbahn auf Anfrage folgendes mit: "Der Rangierbahnhof Göttingen gehört zur Gruppe der kleineren Bezirksrangierbahnhöfe. Ihm obliegt die Sammlung und Verteilung der Frachten vom und für den Südharz und Solling. Die hierbei eingesetzten Güterzüge werden auch nach Fertigstellung der Neubaustrecke Hannover - Gemünden auf den heute bereits vorhandenen Strecken im Raum Göttingen verkehren, unabhängig davon, ob die Neubaustrecke über Göttingen verläuft oder nicht. Bestehende Güterzugverbindungen nach und von Göttingen in die Räume Braunschweig, Hannover, Paderborn, Holzminden, Kassel und Bebra werden auch zukünftig erhal-

---

[1] Die Deutsche Bundesbahn rechnet bei den TEEM- und Schnellgüterzügen mit einer künftigen Höchstgeschwindigkeit von 120 km/h.
[2] 40/45 TEEM- und Schnellgüterzüge von insgesamt 45/50 nach den Belegungsplänen der Deutschen Bundesbahn
[3] Dazu rechnen Seelze (Hannover) und Bebra im Frachtverkehr und Hannover-Linden im Eilgutverkehr.

ten bleiben und könnten sogar bei steigendem Verkehrsaufkommen noch verbessert werden."

Diese Feststellungen zeigen, daß die beiden Varianten keine direkten Unterschiede im Güterverkehr für den Untersuchungsraum aufweisen werden. Die nachfolgenden Untersuchungen werden deshalb darauf konzentriert, die Wirkungen festzustellen, die durch Veränderungen im Personenverkehr auftreten.

Indirekte Vorteile liegen für den Untersuchungsraum bei der Variante H in der Verbesserung der allgemeinen Bedienungsqualität durch Beschleunigung der schnellen Güterzüge zwischen den großen Rangierbahnhöfen. Ein Nachteil der Variante G ist ferner, daß die bei dieser Variante auf der Neubaustrecke verkehrenden Güterzüge höhere Zugförderkosten durch die Mehrlänge der Strecke von ca. 20 km und durch den um etwa 50 m höheren Scheitelpunkt zwischen Hannover und Kassel verursachen.

2.2 GEPLANTE VERBESSERUNGEN DES STRASSENNETZES IM UNTERSUCHUNGSRAUM

Neben den Veränderungen im Schienenverkehr muß geprüft werden, ob künftig Veränderungen im Straßennetz vorgesehen sind, die für die regionalwirtschaftliche Fragestellung von Bedeutung sein können.

Im Landesentwicklungsprogramm Niedersachsen 1985 sind die Teilstrecken des Straßennetzes ausgewiesen, die bis 1985 ausgebaut werden sollen. Diese Strecken liegen überwiegend in den Räumen Hannover, Hameln, Hildesheim, Salzgitter, Braunschweig, Goslar und Northeim - Göttingen. Bei den Berechnungen zur Erreichbarkeit wurden diese Planungen berücksichtigt. Zu erwähnen sind ferner die Projekte der beiden Bundesfernstraßen A 106 Hameln - Alfeld - Goslar und A 105 Abzweig A 16 - Beverungen- Nörten - Hardenberg - Bad Sachsa. Beide Projekte wurden im Rahmen des Bundesverkehrswegeplans jedoch in die zweite bzw. dritte Dringlichkeitsstufe eingereiht. Ihre Finanzierung kann deshalb z. Zt. nicht als gesichert angesehen werden. Sie bleiben deshalb unberücksichtigt.

2.3 AUSWAHL DER VERGLEICHSVARIANTEN FÜR DIESE UNTERSUCHUNG

Um die künftigen Nutzen und Kosten der zu vergleichenden Varianten Holzminden und Göttingen [1] bestimmen zu können, muß ein Bezugsniveau festgelegt werden, auf das alle Ermittlungen bezogen werden können. Normalerweise wären das die Verkehrsverhältnisse, die künftig (nach 1985) herr-

---
[1] Vgl. Kap. 2. 1. 3. 2

schen würden, wenn die Neubaustrecke nicht gebaut würde (autonome Entwicklung). Bei näherer Prüfung zeigt sich aber, daß es nicht möglich ist, diesen Zustand mit ausreichender Genauigkeit vorherzusehen.

Im Bundesverkehrswegeplan [1] werden zu dieser Entwicklung folgende grundsätzliche Aussagen gemacht:

"Die heute vorhandenen Schienenstrecken in den Korridoren werden im Jahre 1985 nicht mehr in der Lage sein, den bis dahin angestiegenen Verkehr in vollem Umfang zu bewältigen...

Sofern die Neubaustrecken nicht gebaut werden, ist damit zu rechnen, daß ein Teil des Verkehrs auf das Straßennetz ... abwandert...

Welche Verkehrsanteile bei Erreichen der Kapazitätsgrenze von der Schiene auf andere Verkehrszweige abwandern werden, läßt sich nicht sicher abschätzen. Die Deutsche Bundesbahn wird vor allem zu einer Verlagerung der nicht kostendeckenden Verkehre neigen, während die Öffentlichkeit an der Erhaltung eines ausreichenden Verkehrsangebots allgemein interessiert ist. Es sind daher mehrere Verlagerungsstrategien denkbar... "

Die Entwicklungstendenzen sind also deutlich erkennbar, quantifizierte Aussagen, die als Bezugspunkt gewählt werden könnten, fehlen jedoch. Annahmen zu treffen, erscheint im vorliegenden Fall nicht ratsam, weil die Analyseergebnisse mit Sicherheit von solchen Annahmen wesentlich beeinflußt werden.

Es wird deshalb folgender Ausweg gewählt: Als Bezugsgröße wird eine weitere - fiktive - "Variante 0" der Neubaustrecke eingeführt. Als plausibelste Definition dieser Variante, für die auch die nötigen Daten erhältlich sind, erscheint die Trasse: Linienführung im Wesertal ohne Halt zwischen Hannover und Kassel.

Um Mißverständnissen vorzubeugen, wird darauf hingewiesen, daß diese Variante 0 lediglich aus methodischen Gründen und mit Rücksicht auf Probleme der Datenbeschaffung gewählt wurde. Sie wurde weder von der Deutschen Bundesbahn noch von anderen Gebietskörperschaften als wünschenswert vorgeschlagen.

Der Trassenvergleich wird durchgeführt, indem die relativen Vor- und Nachteile der Varianten [2]

---

[1] Bundestags-Drucksache 7/1045, Seite 137
[2] Zu den Varianten gehören die jeweilige Neubaustrecke sowie die Anschlußstrecken des vorhandenen Netzes

>   H = Neubaustrecke im Wesertal mit Haltepunkt Holzminden
>
>   G = Neubaustrecke im Leinetal mit Haltepunkt Göttingen

gegenüber der fiktiven Variante

>   0 = Neubaustrecke im Wesertal ohne Haltepunkt zwischen Hannover und Kassel

ermittelt und verglichen werden [1].

2.4 DIE UNTERSUCHUNGSREGION

2.4.1 Abgrenzung nach Zeitvorteilen

Zur Beurteilung der Wirkungen der alternativen Maßnahmen muß es ein erster Schritt sein, die Region abzugrenzen, in der die Wirkungen den Maßnahmen zugeordnet werden können. Da es sich um Maßnahmen handelt, die in erster Linie eine Veränderung des Verkehrsangebotes im schienengebundenen Personenverkehr bewirken, empfiehlt es sich, zur Abgrenzung der Region ein Kriterium heranzuziehen, das diese Veränderungen sichtbar werden läßt. Hier wird die speziell im Nord-Süd-Verkehr berechnete Verkehrsgunst zur Abgrenzung und zur Beurteilung der Untersuchungsregion herangezogen.

Der Begriff Verkehrsgunst wird häufig mit unterschiedlichen Sinngehalten verwendet. Für diese Untersuchung wird er folgendermaßen definiert: Die Verkehrsgunst beschreibt das Angebot an Zugverbindungen und die Erreichbarkeit eines Raumes. Die Erreichbarkeit wird durch die Reisezeit gemessen. Sie setzt sich aus der Fahrzeit und den Umsteigezeiten zusammen. Der Zeitaufwand für den Zu- und Abgang und Wartezeiten wurde in der Regel nicht berücksichtigt. Lediglich für die Fälle, in denen der Bahnhof außerhalb der Stadt liegt bzw. in denen nicht direkt umgestiegen werden kann, wurden gesonderte Annahmen getroffen.

Bei der Berechnung der Verkehrsgunst kann nicht vom heutigen Netz ausgegangen werden. Die Transportnachfrage wird sich bis 1985 derart erhöhen, daß die Kapazität der bisherigen Strecke im Leinetal weit überschritten wird. Wie bereits erläutert worden ist, ist eine Kapazitätserhöhung für den Fernverkehr in Nord-Süd-Richtung in jedem Falle unerläßlich. Die Veränderung der Verkehrsgunst einzelner Nahbereiche [2], ausgedrückt durch Reisezeitveränderungen, muß daher an einem theoretischen Netz gemessen werden, das eine direkte Schnellverkehrsverbindung zwischen Hannover und Kassel enthält. Diese "Alternative 0" ist an den Bedürfnissen des Fernverkehrs orientiert, d.h. sie sucht die kürzeste und schnellste

---

[1] Untervarianten werden im Kap. 4.3.1.3. besprochen
[2] Zur Definition der Nahbereiche bzw. zur räumlichen Gliederung der Region vgl. Landesentwicklungsplan Niedersachsen 1985

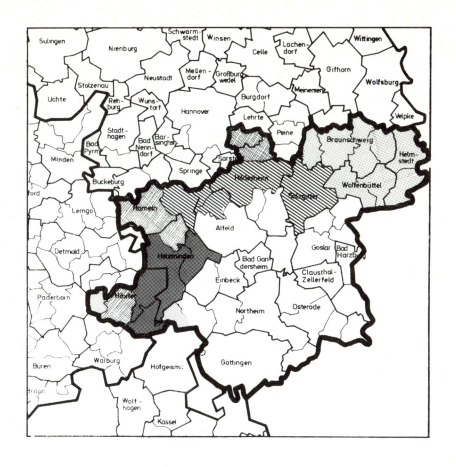

ZEITGEWINN IM D-ZUG-VERKEHR

- mehr als 50 min.
- zwischen 20 und 49 min.
- zwischen 10 und 20 min.
- unter 10 min.
- Grenze der Untersuchungsregion

Trasse : Wesertal   Haltepunkt Holzminden
Einschleifung Hildesheim

Abb. 2-2: Erreichbarkeitsvorteile der Trasse Holzminden im Verkehr nach Süden gegenüber einer direkten Verbindung Hannover-Kassel

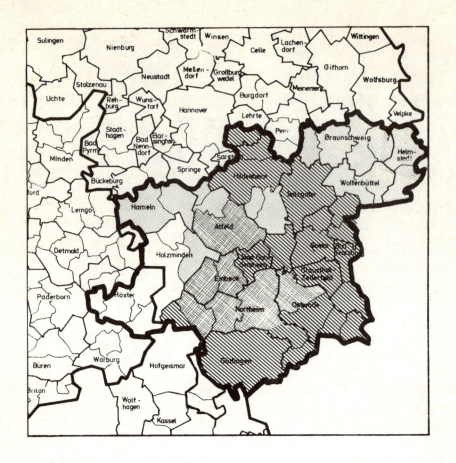

ZEITGEWINN IM D-ZUG-VERKEHR

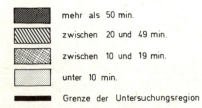

mehr als 50 min.
zwischen 20 und 49 min.
zwischen 10 und 19 min.
unter 10 min.
Grenze der Untersuchungsregion

Trasse: Leinetal   Haltepunkt Göttingen
Einschleifung Hildesheim

Abb. 2-3: Erreichbarkeitsvorteile der Trasse Göttingen im Verkehr nach Süden gegenüber einer direkten Verbindung Hannover-Kassel

Verbindung zwischen Kassel und Göttingen. Zwischenhalte sind hierbei ausgeschlossen.

Die Messung der Reisezeit von den einzelnen Nahbereichen zu den Polen Hannover und Kassel für 1985 ist wegen fehlender Fahrpläne auf den Zubringer- und Nebenstrecken nur auf der Basis des derzeitigen Fahrplanes und der bisher vorliegenden Angaben der Deutschen Bundesbahn über Fahrzeiten und Züge auf den Neubaustrecken möglich. Zusätzlich wurde nach Rücksprache mit der Deutschen Bundesbahn davon ausgegangen, daß unabhängig von den Varianten ganze Züge bei Elze aus den Räumen Braunschweig oder Lehrte auf die Neubaustrecke übergehen.

Durch den Vergleich der Reisezeiten im Bahnverkehr der Variante 0 mit derjenigen der Variante H und G lassen sich die Nahbereiche isolieren, die durch Trassenführung H bzw. G Erreichbarkeitsvorteile erfahren. Die Variante GH mit einem Haltepunkt in Hildesheim wurde zur Abgrenzung nicht hinzugezogen, da sie außer für diesen unmittelbaren Raum keinem Nahbereich zusätzliche Vorteile verspricht. Nahbereiche, die ihre bessere Verkehrsgunst lediglich der schnelleren Verbindung zwischen Hannover und Kassel verdanken, also keine Effekte im Regionalverkehr aufweisen, weisen keine Unterschiede auf.

Dies trifft auf alle Bereiche nördlich von Hannover oder südlich von Kassel zu. Auf diese Weise erhält man ein Werkzeug zur Abgrenzung der betroffenen Region, das gleichzeitig auch einen Überblick über das Ausmaß der Veränderungen der Verkehrsgunst gibt. Die beiden folgenden Abbildungen zeigen demzufolge einerseits die betroffene Region, andererseits die abgestuften Auswirkungen der jeweiligen Trassen (siehe Abbildungen 2 - 2 und 2 - 3).

Auf diesen Grundlagen wurde ein Gebiet abgegrenzt, das durch die Nahbereiche beschrieben wird, die eine Verbesserung durch eine der Trassen erfahren. Deutlich zeigt sich die unterschiedliche Bevorzugung einzelner Regionen. Lediglich der Bereich Hildesheim wird durch beide Varianten gleich gut bedient. Hier muß jedoch die Annahme, die auf den Zubringerstrecken eine Rolle spielt, ins Gedächtnis zurückgerufen werden, daß die Frequenz unberücksichtigt bleibt. Neben der Abgrenzung erlaubt die Darstellung auch die räumliche Differenzierung der Wirkungen.

2.4.2 Reisezeitverhältnisse Straße zur Schiene

Während im Schienenverkehr neben der durch die Reisezeit meßbaren Größe noch die Zugfrequenz, d.h. der Bedienungskomfort, eine Rolle spielt, läßt sich im Straßenverkehr die Verkehrsgunst allein durch die Fahrzeit beschreiben. Hierzu kann für die Projektion in das Jahr 1985 auf "das Ausbauziel für die Bundesfernstraßen in Niedersachsen" nach dem Landesentwicklungsprogramm 1985 zurückgegriffen werden.

Auf dieser Grundlage wurde, ausgehend von den Knotenpunkten Hannover und Kassel, die Erreichbarkeit im Straßenverkehr ermittelt. Die Relation zu derjenigen der Bahn gibt gute Vergleichsmöglichkeiten. Die Konfrontation beider Reisezeiten, ausgedrückt durch die Quotienten Erreichbarkeit per Bahn und über die Straße, kennzeichnen die voraussehbaren Konsequenzen für den "modal split" einzelner Nahbereiche (siehe Abb. 2-4). Vor allem betroffen sind hierbei die Gebiete um die zukünftigen Stationen Göttingen und Holzminden und Gebiete, die abseits der Hauptverkehrsstrecken liegen, wie etwa der Solling und der Harz. Vor allem für die Zentren Göttingen, Hildesheim bei der Leinetaltrasse und Holzminden, Höxter bei der Wesertaltrasse ergibt sich ein besseres Angebot auf der Schiene als auf der Straße.

2.4.3 Bevölkerungs- und Wirtschaftsstruktur

Neben der Charakteristik der verkehrlichen Situation in der Untersuchungsregion ist die Beurteilung von Bevölkerungsverteilung und Wirtschaftspotential Voraussetzung für die Verkehrsprognose und die anschließende Beurteilung der Auswirkungen alternativer Trassierungen auf die regionalwirtschaftliche Entwicklung.

Die Auswahl der maßgeblichen Parameter beider Indikatoren konnte durch eine faktorenanalytische Betrachtung der Landkreise und kreisfreien Städte Niedersachsens vorgenommen werden [1]. Hierbei weisen für den Wohnwert die Veränderung der Wohnbevölkerung (Faktorladung 0,86), der Wanderungssaldo je 1.000 Einwohner (0,92) und der Zugang an Wohnungen (0,92) die höchsten Erklärungsgrade auf. Stand und Entwicklung der Wirtschaft werden durch die Parameter Bruttoinlandsprodukt je Einwohner (Faktorladung 0,95), Realsteueraufbringungskraft (0,94), Gesamtumsatz je Einwohner in DM (0,91), Einpendleranteil an den Erwerbstätigen (0,83), den Umsatz in Industrie und Handwerk je Einwohner (0,81) und das Bruttoinlandsprodukt bezogen auf die Wirtschaftsbevölkerung (0,79) mit guten Erklärungsgraden beschrieben.

Die Betrachtung der wichtigsten Daten [2] für den Wohnwert und die Entwicklungskraft offenbart, daß insbesondere hinsichtlich des Wohnwertes die Entwicklung der Gesamtregion nicht sehr günstig beurteilt werden kann. Sie weist zwischen 1961 und 1970 einen Einwohnerverlust von 59.300 Einwohnern bzw. einen Rückgang von 3,0% der Bevölkerung auf. Diesen Werten stehen allerdings im gleichen Zeitraum eine Zunahme der Arbeitsplätze um ca. 2,1% von 716.600 auf 731.700 gegenüber.

---
[1] Vgl. Altmann, A., Faktorenanalytische Untersuchungen zur regionalwirtschaftlichen Situation und Entwicklung in Niedersachsen, in Raumforschung und Raumordnung, 31. Jg., H. 5/6, 1973
[2] Aus datentechnischen Gründen wurde im folgenden auf die Landkreise und kreisfreien Städte zurückgegriffen, geringfügige Differenzen zwischen ihnen und den Grenzen der Nahbereiche wurden in Kauf genommen.

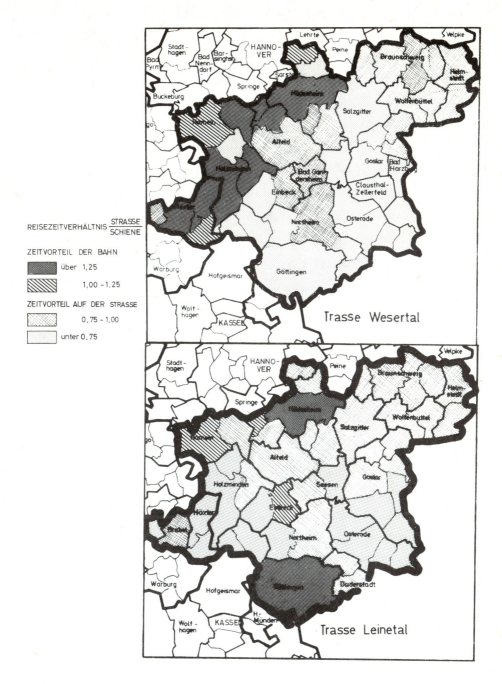

Abb. 2-4: Verhältnis der Reisezeit zwischen Schienen- und Straßenverkehr 1985

Durch die Gruppierung nach der Verkehrsgunst lassen sich die unterschiedlichen Wirkungen beider Varianten verdeutlichen. Geht man von den Grundzahlen für die abgegrenzte Region aus - 1970 ca. 1,942 Millionen Einwohner, ca. 316.000 Arbeitsplätze im produzierenden Gewerbe und ca. 325.900 Arbeitsplätze in Betrieben des tertiären Sektors - so zeigt die folgende Tabelle die Konsequenzen der Trassen.

Tabelle 2 - 4: Die Zuordnung von Einwohnern und Arbeitsplätzen 1970 zur Verkehrsgunst 1985

Erreichbarkeits-vorteil gegenüber Variante in Minuten	Einwohner		Arbeitsplätze im			
			prod. Gewerbe		tertiärer Sektor	
	H %	G %	H %	G %	H %	G %
0	36,3	7,0	41,0	7,6	39,4	8,3
unter 10	25,1	43,3	28,2	37,9	31,5	33,8
10 - 19	15,4	8,0	8,0	10,4	8,4	7,5
20 - 49	9,7	41,7	6,8	44,1	6,9	50,5
50 und mehr	13,7	0	15,9	-	13,8	-
Anzahl	1.942.600		316.700		325.900	

Quelle: Eigene Ermittlung auf der Grundlage der Gemeindestatistik Niedersachsen 1970

Klar erkennbar wird der unterschiedliche Einfluß durch den Anteil der Nichtbegünstigten. Bei der Trasse Holzminden werden zwar einige Gruppen wesentlich bevorteilt, große Teile der Einwohner (bzw. Arbeitsplätze) profitieren hingegen überhaupt nicht. Umgekehrt zeigt sich das Verhältnis beider Trassen bei einer Verbesserung von 20 bis 49 Minuten. Dort liegt der Einflußbereich der Leinetaltrasse.

Die räumlich differenzierende Betrachtung der Einwohnerveränderung und der Bevölkerungsdichte spiegelt auch in der Region die allgemeine Entwicklung der Abwanderung aus den Zentren ins Umland wider. Dies trifft für die Städte Braunschweig, Hildesheim, Hameln und Goslar zu. Auffallend sind die hohen Bevölkerungsverluste in den Landkreisen Northeim, Hildesheim, Zellerfeld und Duderstadt, Einbeck und Holzminden. Sie verloren zwischen 10,0 und 18,0% ihrer Einwohner. Bevölkerungszunahmen sind im direkten Umland der Städte bzw. in deren Landkreisen zu verzeichnen. Die Kreise Göttingen und Höxter sind durch Stagnation bzw. geringfügige Zunahmen gekennzeichnet.

Der Entwicklungsstand der regionalen Wirtschaft[1] und das Bruttoinlandsprodukt je Kopf der Wohnbevölkerung zeichnen deutliche Konturen innerhalb der Untersuchungsregion. Herausragend gut ist neben derjenigen der kreisfreien Städte die Stellung des Landkreises Göttingen. Unterprivilegiert sind hingegen die bereits durch die Bevölkerungsabnahme aufgefallenen Landkreise. Der Raum Höxter nimmt in beiden Fällen eine mittlere Stellung ein, während Holzminden einen negativen Entwicklungsstand aufweist (siehe Abbildung 2 - 5). Die Veränderung der Wirtschaft zwischen 1961 und 1970 als Indikator für die Entwicklungskraft wird durch die Parameter mit den höchsten Erklärungsgraden dargestellt (siehe Abbildungen 2 - 6 und 2 - 7).

Ein einheitliches Bild ergibt sich durch diese Analyse der regionalen Entwicklung nur für wenige Teilräume. Göttingen ist überwiegend durch positive Entwicklungen gekennzeichnet, während der Raum Holzminden überwiegend stagnierende Merkmale aufweist. Höxter weist zwar hohe Zunahmen der Einpendlerzahlen und Veränderungen des Bruttoinlandsproduktes aus, gleichzeitig aber auch eine Abnahme der Realsteuerkraft und der Arbeitsplätze. Auch der Harz, dargestellt durch die Kreise Zellerfeld, Osterode, Blankenburg, Goslar wird eher durch eine Stagnation in der Entwicklung als durch Wachstum gekennzeichnet.

Spezielle Arbeitsplatzstrukturen und verschiedene Ausgangssituationen in den Teilräumen bieten viele Erklärungen für Entwicklungsdifferenzierungen in der Untersuchungsregion. Sie sollen in dieser Untersuchung nicht im einzelnen verfolgt werden. Es muß herausgefunden werden, ob diese Entwicklungsdifferenzierungen von der Verkehrslage abhängig sind und inwieweit sich aus diesem Zusammenhang Eingangswerte für die Prognose gewinnen lassen.

Eine Korrelationsanalyse [2] der oben erwähnten Parameter ergab, daß hauptsächlich das Wachstum des Bruttoinlandsproduktes in Räumen mit günstiger Verkehrslage größer war. Eine Verbesserung der Verkehrsgunst im schienengebundenen Nord-Süd-Verkehr würde demzufolge weitere Impulse für die wirtschaftliche Entwicklung der beeinflußten Räume ergeben. Allerdings ist hierbei im Auge zu behalten, daß bei einer Verkehrsinvestitionsplanung, die in erster Linie Anpassungsplanung ist, die genannte Korrelation auch auf der umgekehrten Kausalität beruht: hohe regionale Wirtschaftskraft erzeugt hohe Verkehrsinvestitionen und daher hohe Verkehrsgunst. Beide Hypothesen dürften Teilrichtigkeit beanspruchen können.

---

[1] Vgl. Altmann, A., Faktorenanalytische Untersuchungen zur regionalwirtschaftlichen Situation und Entwicklung in Niedersachsen, in Raumforschung und Raumordnung, 31. Jg. H. 5/6, 1973
[2] Rangkorrelation nach Spearman, vgl. Sachs, L., Statistische Auswertungsmethoden, Kiel 1969, S. 390

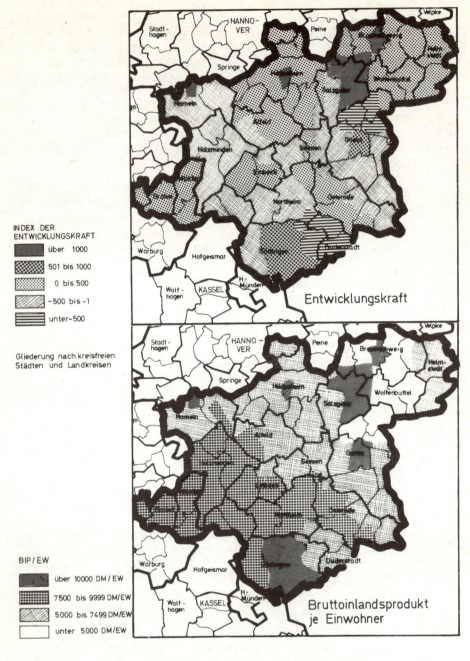

Abb. 2-5: Die wirtschaftliche Entwicklungskraft in der Untersuchungsregion 1970

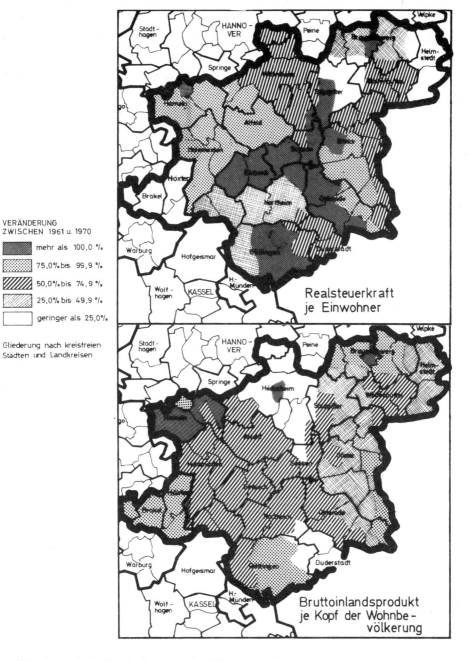

Abb. 2-6: Die Veränderung der Wirtschaftsstruktur zwischen 1961 und 1970

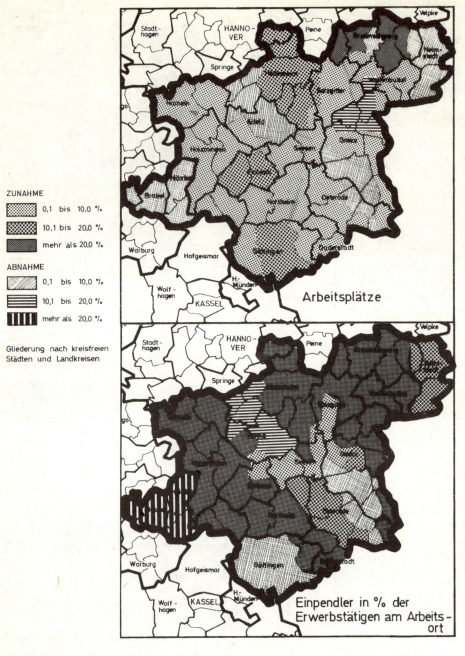

Abb. 2-7: Die Veränderung der Wirtschaftsstruktur zwischen 1961 und 1970

3. Verkehrliche Effekte

3.1. POTENTIELLE VERKEHRSNACHFRAGE

3.1.1. Prognosemodell

Prognosefaktoren

Die in den vorausgegangenen Kapiteln beschriebene Ausstattung der Region mit verkehrlicher Infrastruktur und die Aussage über Veränderungen des verkehrlichen Angebots unter zeitlichen und quantitativen Aspekten erlauben es an dieser Stelle, die Reaktion der Nachfrage abzuschätzen. Eine wesentliche Einschränkung für die Nachfrageprognose bildet allerdings der gleichfalls bereits diskutierte niedrige Informationsplafond, den die vorhandenen Daten zulassen. Da auch parallel verlaufende Verkehrsprognosen[1] erst zu einem späteren Zeitpunkt vorlagen und die vorliegenden Prognosen der Bundesbahn[2] und des Bundesverkehrsministeriums[3] keine regionale Differenzierung erlauben, war es erforderlich, modellmäßige Überlegungen über die Nachfrageveränderung im Schienenverkehr durchzuführen. Sie leisten einen wesentlichen Beitrag zur Bewertung der Varianten, insbesondere wenn es möglich ist, aus ihnen Indikatoren für regionale Vor- und Nachteile abzuleiten.

Ausgehend von einer generellen Betrachtung der Nachfrageelastizität im Personenverkehr, wird das Nachfragepotential einzelner Regionen getrennt für den Regional- und Fernverkehr geschätzt. Die Überlagerung mit alternativen Zugangeboten ermöglicht dann eine regional differenzierende Prognose der Mehrverkehre durch die Trassenvarianten. Erfahrungsgemäß gibt es eine große Zahl möglicher Gründe für die Veränderung der Nachfrage nach Verkehrsleistungen (z.B. Veränderungen des Real- oder Nominaleinkommens, der Bevölkerungszahl, der Tarife, der Zugfrequenz, der Reisezeit). Die Einflüsse sind nach Verkehrsrelationen verschieden, da auf diesen Relationen die Impulse unterschiedlich sind[4]. Wenn wir hier

---

[1] Prognose des Personenverkehrs, aufgestellt vom DIW-Berlin im Auftrag des Bundesverkehrsministeriums, zur Zeit der Bearbeitung dieser Untersuchung noch in Arbeit
[2] Deutsche Bundesbahn, Zentrale Transportleitung, Bauliche, betriebliche und verkehrliche Ergänzungsuntersuchungen zu den Varianten "Göttingen" und "Holzminden" der Neubaustrecke Hannover-Gemünden, Mainz 1973
[3] Vgl. Projektgruppe Korridoruntersuchungen im Bundesministerium für Verkehr, Untersuchungen über Verkehrswegeinvestitionen in ausgewählten Korridoren der Bundesrepublik Deutschland, Bonn 1972
[4] Vgl. Voigt, F. Die Theorie der Verkehrswissenschaft, Erster Band, erste Hälfte, Berlin 1973

hauptsächlich die Wirkung von Reisezeiten und Zugangebot herausgreifen und beleuchten bzw. Annahmen über ihre Wirkungen auf die Nachfrage aufstellen, so deshalb, weil sie in unserem Fall die vorliegenden Varianten unterscheiden.

Durch eine Querschnittsanalyse konnten für die Orte Hildesheim, Göttingen, Hannover und Kassel die während eines Monates verkauften Fahrkarten [1] auf ausgewählten Relationen ermittelt werden. Die Reisezeiten zwischen Quelle und Ziel auf den einzelnen Relationen [2] wurden unter Vernachlässigung der Zu- und Abgangszeiten zu den Stationen ermittelt. Ein relevanter und statistisch abgesicherter Zusammenhang zwischen Reisezeit und Fahrkartenverkauf ergab sich jedoch erst, nachdem der Einfluß der Indikatoren Einwohnerzahl bzw. Beschäftigtenzahl im Ursprungs- und Zielort eleminiert wurde. In Anlehnung an das Lill'sche Reisegesetz wurde die Zahl der Fahrkarten mit den auf der jeweiligen Relation vorhandener Daten der Quell- und Zielorte versehen gewichtet. Hieraus ergab sich die Beziehung

$$\frac{F_q}{Ew_z \cdot Ew_q} \quad K \quad \frac{1}{d_{qz}^\alpha}$$

mit den folgenden Bedeutungen der Buchstaben

- F_q Fahrkartenverkauf im Quellort
- Ew_z, Ew_q Einwohner des Ziel- bzw. Quellgebietes
- d_{qz} Reisezeiten von q nach z
- K Konstante

Die Einwohner sind durch die Beschäftigtenzahlen ersetzbar, ohne daß sich die Funktion wesentlich ändert. Im logarithmischen Maßstab als Gerade dargestellt, zeigt die Abbildung 3 - 1, daß sich die Elastizität - d.h. die Veränderung des Fahrkartenverkaufs bezogen auf die Veränderung der Reisezeiten zwischen den Betrachtungsräumen Hannover und Kassel kaum unterscheidet. Der Raum Göttingen hingegen weicht deutlich ab, dort reagiert die Nachfrage intensiver auf die Reisezeitveränderung, unabhängig davon ob durch die Einwohner oder Beschäftigten gewichtet wird [3].

---

[1] In Hannover, Göttingen und Kassel wurde vom 1. bis 31.10.1971, in Hildesheim vom 16.5. bis zum 15.6.1973 gezählt.

[2] Die Reisezeiten wurden aus folgendem Forschungsbericht entnommen: Zehne, I., Meyer, W., Littger, W., Wolf, P., Reisezeiten im Fernverkehr der Deutschen Bundesbahn zwischen 951 Zellen der Bundesrepublik Deutschland für die Jahre 1967 und 1985, hrsg. von Nebelung, H., Aachen 1973

[3] Der statistische Zusammenhang ist bei Korrelationskoeffizienten zwischen 0,7974 und 0,943 gesichert.

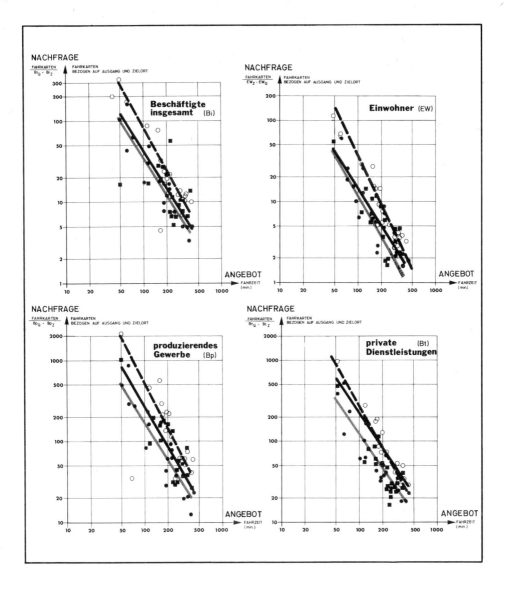

■ Kassel
○ Göttingen
● Hannover

Abb. 3-1: Elastizität der Nachfrage nach Leistungen der Bundesbahn in den Räumen Hannover, Göttingen und Kassel bezogen auf das Angebot (Erreichbarkeit)

Diese Abweichungen kennzeichnen wohl nicht so sehr eine unterschiedliche Verhaltensweise der Nachfrager, als vielmehr das einseitige Angebot im Schienenfernverkehr in Nord-Süd-Richtung und die Bedeutung des Verkehrs nach Hannover und Kassel.

Ein Vergleich der Regressionskoeffizienten (siehe Tabelle 3-1) verdeutlicht auch das besondere Verhalten der Beschäftigten des tertiären Bereichs. Ihre Elastizität ist durchweg geringer als diejenige der Einwohner oder der Beschäftigten im sekundären Bereich.

Tabelle 3-1: Die Elastizität der Nachfrage nach Fahrkarten in Bezug auf die Reisezeit - Dargestellt durch die Regressionskoeffizienten einer logarithmischen Funktion, bezogen auf die Einwohner-bzw. Beschäftigtenzahl

	Einwohner	Beschäftigte insgesamt	Beschäftigte tertiärer Bereich	Beschäftigte sekundärer Bereich
Hannover	-1,5135	-1,5568	-1,3956	-1,5239
Kassel	-1,5501	-1,5680	-1,4358	-1,6495
Göttingen	-1,7501	-1,7901	-1,6976	-1,8668
zusammen	-1,5665	-1,5783	-1,4675	-1,5796

Quelle: Eigene Ermittlungen

Hier wird deutlich, daß diese Fahrten weniger eine Nachfrage nach Dienstleistungen zu Zwecken des Konsums, sondern als Produktionsfaktor Folgen der Arbeitsteilung und des Marktes sind. Für sie spielt die Entfernung eine geringere Rolle als für diejenigen, für die die Ortsveränderung zu Zwecken des Konsums erfolgt. Ihre Fahrt ist zur Erstellung bzw. zum Verkauf ihres Produktes notwendig. Sie könnten allenfalls auf ein anderes Transportmittel ausweichen. Insgesamt stellt sich heraus, daß eine Schätzung der Nachfrage allein durch die Reisezeiten aufgrund der unterschiedlichen Reaktion von Einwohnern und Beschäftigten nicht sinnvoll ist.

Prognosemodell

Durch eine multiple Regression wird die Bedeutung der Faktoren Einwohner, Beschäftigte im tertiären Sektor, Beschäftigte im sekundären Sektor und Reisezeiten analysiert. Hierbei bilden die Strukturdaten des Zielortes und die Einwohnerzahl des Ausgangsortes die Eingaben in das Modell. Eine einfache multiplikative Verknüpfung erwies sich als wenig sinnvoll. Sie ergab relativ geringe Bestimmtheitsmaße bei geringer Plausibilität der Ergebnisse. Immerhin zeigen die Größenordnungen der Regressionskoeffizienten, daß die Beschäftigten des tertiären Sektors und die Einwohner des Zielgebietes neben den Reisezeiten den größten Einfluß auf die Zahl der Fahrkarten haben.

Plausible Ergebnisse ergab erst eine Verknüpfung von Fahrkartenzahl (F_k), Einwohner des Quellgebietes (EW_q), Reisezeit zwischen Quelle und Ziel (d), Einwohnerzahl des Zielgebietes (EW_z) und einem die Arbeitsplatzstruktur des Zielgebietes beschreibenden Quotienten (Q_z). Er kennzeichnet das Verhältnis von Beschäftigten des tertiären zu denen des sekundären Sektors. Die folgende Schätzfunktion:

$$F_k = EW_q^\alpha \cdot EW_z^\beta \cdot Q_z^\gamma \cdot d \cdot k$$

$$\text{mit } Q = \frac{\text{Beschäftigte III. Sektor}}{\text{Beschäftigte II. Sektor}}$$

erwies sich geeignet, um das vorhandene Nachfragepotential zu beschreiben. Die Funktionen, ihre Bestimmtheitsmaße und ihre Korrelationskoeffizienten sind in Tabelle 3 - 2 dargestellt.

Tabelle 3 - 2: Die Parameter der Schätzfunktion und ihre Differenzierung nach Ausgangsorten im Fernverkehr

Ausgangsorte	Regressionskoeffizient			Konstante	Best. heitsmaß	Korrelations-Koeffizient
	α	β	γ	K	B	r
1 Kassel	0,6813	0,2000	-1,3232	0,2869	0,7902	0,8890
2 Hannover	0,7864	0,2193	-1,3363	+0,2524	0,8272	0,9095
3 Göttingen	0,8404	0,2110	-1,7393	0,8836	0,9114	0,9547
4 Hildesheim	0,5624	0,2827	-1,1511	0,6485	0,7722	0,8787
Hildesheim Göttingen	0,6843	0,2566	-1,3272	0,4209	0,7957	0,8921
Göttingen Kassel- Hannover Hildesheim	0,7088	0,2372	-1,3307	0,2223	0,7674	0,8760

Quelle: Eigene Berechnungen

Die Korrelationskoeffizienten verdeutlichen die Einheitlichkeit des Einflusses der Attraktivitätsquotienten und der Einwohnerzahl des Zielgebietes in allen ausgewählten Raumeinheiten. Die Reisezeiten hingegen haben bei Göttingen und Hildesheim einen größeren bzw. geringeren Einfluß auf die Nachfrage im schienengebundenen Fernverkehr. Hier spielt wohl im Falle Hildesheim die derzeitige schlechte Qualität der Anbindung an den Schienenfernverkehr eine Rolle.

Insgesamt sind die oben dargestellten Modelle für den Fernverkehr des jeweiligen Ausgangsortes geeicht. Anstelle Einzelfunktion wird für den Fernverkehr aus der Region diejenige genommen, die an den Fällen Göttingen und Hildesheim geeicht worden ist.

Sonderfälle stellen die Nachfrage nach Verkehrsleistungen innerhalb der Region - Regionalverkehr - und auf den Relationen zu den nächsten Zentren Hannover und Kassel - der Zentrumsverkehr - dar. Für sie wird das Modell anhand der Fahrkartennachfrage auf einigen intraregionalen Relationen geeicht. Hierbei ergaben sich Parameter der Schätzfunktion, die von denen des Fernverkehrs deutlich abweichen (siehe Tabelle 3 - 3).

Tabelle 3 - 3: Parameter der Schätzfunktion für das Nachfragepotential im Regional- und Zentrumsverkehr

Ausgangs-ort	Regressionskoeffizienten			Konstante	Bestimmtheitsmaß	Korrelationskoeffizient
	α	β	γ	K	B	r
Region	0,8160	1,7276	-1,6704	1,7030	0,8359	0,9143

Quelle: Eigene Berechnungen

Offensichtlich spielt die Struktur der Arbeitsplätze für diese Nachfrage nach Verkehrsleistungen eine wesentlich größere Rolle. D.h. Fahrten zur Arbeit, Pendlerverkehre und Geschäftsfahrten haben hier größeren Einfluß.

Die Anwendung der oben skizzierten Modelle zur Abschätzung des Nachfragepotentials unterstellen allerdings, daß eine Nachfrage nach Ortsveränderung nur in eine Richtung allein nicht denkbar ist, sondern daß es sich immer um die Nachfrage nach Verkehrsleistungen handelt, die auch eine Rückfahrt anbieten. So wurde bei der Kalibrierung der Modelle davon ausgegangen, daß die Fahrkarten die Hin- und Rückfahrt beinhalten. Entsprechend setzt sich das Nachfragepotential auf einer Relation aus den Hin- und Rückfahrten des Quell- und des Zielortes zusammen (siehe Abbildung 3 - 2)

Abbildung 3 - 2: Modell für die Quantifizierung der Nachfrage

Die Modelle errechnen daher das Nachfragepotential im schienengebundenen Personenverkehr für Ortsveränderung von Quellort zum Zielort und zurück.

3.1.2 Berechnung des Nachfragepotentials

Auswahl der Relationen

Das Nachfragepotential wird entsprechend der bereits getroffenen Definitionen für Relationen vom Quell- zum Zielgebiet der Nachfrage bestimmt. Außerdem bietet sich eine weitere Einschränkung durch die Art des Vergleichs der Variante H und G an. Da Veränderungen von Wirkungen gegenüber der Variante 0 gemessen werden, wird das Nachfragepotential nur auf denjenigen Beziehungen bestimmt, für die infolge einer der Varianten eine zeitliche Verbesserung gemessen werden konnte. Selbstverständlich beschränkt sich die Prognose auf die durch die Zugänglichkeitsüberlegungen abgegrenzte Region.

Um die Relationen zu verringern, werden die bei der Zugänglichkeit betrachteten Nahbereiche zusammengefaßt, wenn die zeitlichen Veränderungen in alle Verkehrsrichtungen (nach Norden Richtung Hannover, nach Süden Kassel, nach Westen Altenbeken) vereinbar waren. Ziel der Aggregation ist es, aus Gründen des statistischen Datenmaterials die räumliche Gliederung an den Mittelbereichen zu orientieren. Lediglich Hildesheim und Göttingen mußten untergliedert werden (siehe Tabelle 3 - 4).

Tabelle 3 - 4: Die verkehrstechnische Untergliederung der Mittelbereiche Hildesheim und Göttingen

Göttingen	Hildesheim
1) Göttingen	1) Hildesheim
2) Bodenfelde Uslar	2) Sehnde und Hohenhameln
	3) Elze und Gronau
	4) Bockenen, Bad Salzdethfurth

Quelle: Eigene Ermittlungen

In allen anderen Fällen konnten die Mittelbereiche mit den zugehörigen Mittelzentren als Quellgebiete der Relationen angenommen werden.

Im Falle der Zielgebiete stellte sich die Frage der Repräsentation der Bundesrepublik Deutschland. Jedoch stellte sich bei näherer Betrachtung des Verkehrsangebotes heraus, daß man sich auf die Verdichtungsräume [1] konzentrieren kann. Die Reisezeit und die Zugverbindungen in die anderen Gebiete sind derart lang bzw. schlecht, daß sich die zeitliche Veränderung des Verkehrsangebotes in der Region Holzminden, Braunschweig, Göttingen nicht auf das Nachfragepotential dieser Relationen auswirkt. Lediglich

---

[1] Verdichtungsräume: die Definitionen werden dem Raumordnungsbericht 1970 entnommen

Berlin wurde als weiteres Zielgebiet hinzugefügt, da es nicht als Verdichtungsraum ausgewiesen ist (als Beispiel siehe Abbildungen 3 - 3 und 3 - 4).

Ebenso wie für die Mittelbereiche der Region als Quellgebiete wurden für die Verdichtungsräume als Ziel Einwohner und Beschäftigte nach Wirtschaftssektoren ermittelt[1]. Die Reisezeiten auf den ausgewählten Relationen wurden getrennt für die Varianten 0, H, G erfaßt. Hierbei wurde für die Betriebsprogramme die ceteris paribus-Klausel angewandt. Es wurde angenommen, daß auf den Verbindungen ein von den Nachfragern als voll ausreichend klassifiziertes Zugangebot besteht. Das Modell mißt nur Nachfrageveränderungen infolge Reisezeitverkürzungen bzw. Veränderungen der Einwohnerzahl bzw. der Arbeitsplatzstruktur. Ein allgemeiner Mobilitätszuwachs wird hier nicht berechnet. Er wird erst bei der Berechnung des Verkehrsaufkommens eingeführt. Außerdem wird wegen der bereits geschilderten unterschiedlichen Geltungsbereiche der Prognosefunktion nach Regionalverkehr, Zentrumsverkehr und Fernverkehr getrennt gerechnet.

Einwohnerzahl und Beschäftigtenstruktur werden unverändert mit dem Stand 1970 angenommen. Diese Maßnahme erweist sich deshalb als vorteilhaft, weil die sekundären Wirkungen der Varianten verglichen werden sollen. Es sollen die unterschiedlichen Entwicklungen infolge des veränderten Verkehrsangebotes gemessen werden und nicht die Nachfrageveränderungen durch die Entwicklung in den Räumen. Die Ursache-Wirkung-Kette muß also als erstes die Verkehrsverbesserungen aufweisen. Außerdem konnten im Rahmen dieser Untersuchungen keine Prognosen für die Teilräume erstellt werden. Bestehende Prognosen stellen meist Zielprognosen dar und sind oft nicht miteinander vereinbar.

Die potentielle Nachfrage

Auf der Grundlage des erläuterten Prognosemodells wurde die potentielle Nachfrage für den Fern- bzw. den Regional- und Zentrumsverkehr getrennt gerechnet. Dargestellt wird im folgenden immer die Nachfrage im Falle der Vergleichsvariante 0 als Basisnachfrage und die Nachfrage der Varianten H 2 und G 2. Die Basisnachfrage gibt jedoch nur Werte für diejenigen Relationen und Mittelbereiche an, für die die jeweilige Vergleichsvariante infolge der Reisezeitverbesserung eine veränderte Nachfrage ausweist.

Obwohl die Nachfrage in den einzelnen Verkehrsarten nach verschiedenen Modellen gerechnet wurde, erscheint es zweckmäßig, sie nach den Mittel-

---

[1] Statistisches Bundesamt, Fachserie A, Bevölkerung und Kultur, Volkszählung vom 27. Mai 1970, zusammengefaßte Daten über Bevölkerung und Erwerbstätigkeit für nicht administrative Gebietseinheiten und Fachserie C, Unternehmen und Arbeitsstättenzählung vom 27. Mai 1970 Nichtlandwirtschaftliche Arbeitsstätten, Beschäftigte, Lohn- und Gehaltssummen in sonstigen nicht administrativen Gebietseinheiten.

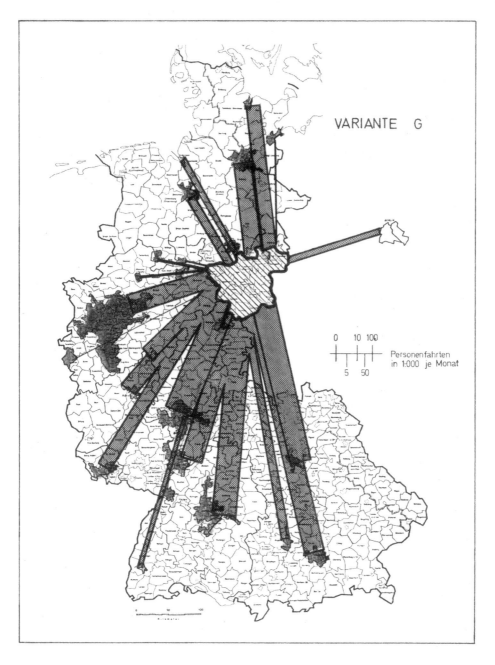

Abb. 3-3: Das Nachfragepotential der Region im Fernverkehr auf ausgewählten Relationen

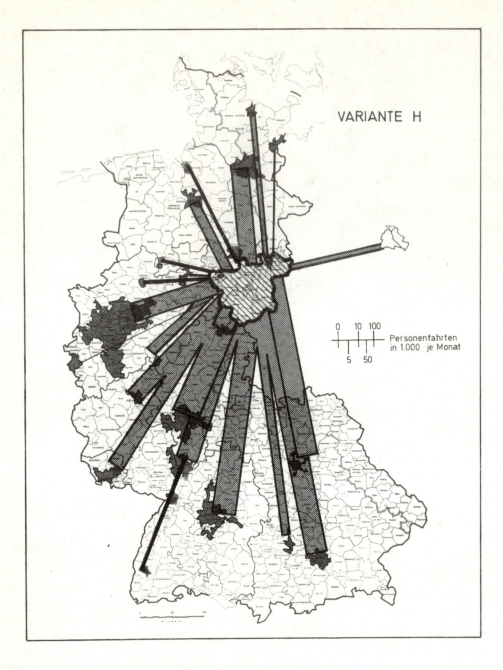

Abb. 3-4: Das Nachfragepotential der Region im Fernverkehr auf ausgewählten Relationen

bereichen [1] zu aggregieren und durch die Rückfahrten, die in der Region nachgefragt werden, auszuweisen. Aus diesem Grund wird die außerhalb der Region entstehende Nachfrage hier nicht gemessen, da diese Nachfrage keinen direkten Vorteil für die Gebiete bringt. Der Einfluß dieser Nachfrage muß allerdings bei der Berechnung des tatsächlichen Verkehrszuwachses auf den Relationen in die Region berücksichtigt werden.

Betrachtet man die Nachfrageveränderungen in den Mittelbereichen (siehe Abb. 3 - 5 und Tabelle 3 - 5), so zeichnen sich die Wirkungen der Varian-

Tabelle 3 - 5: Der Einfluß der Neubaustrecke auf das Nachfragepotential in der Region (gemessen in 1.000 Hin- und Rückfahrten pro Jahr aus den Mittelbereichen)

Mittelbereiche	Basispotentiale		Mehrpotentiale			
	H2	G2	H2		G2	
			abs.	%	abs.	%
Braunschweig	170,5	185,7	7,5	3,1	9,1	3,5
Wolfenbüttel	33,4	35,7	1,5	0,6	1,3	0,5
Salzgitter	63,8	68,4	11,1	4,6	12,1	4,7
Hildesheim	91,6	104,3	28,7	10,0	39,0	15,1
Bockenem	-	13,4	0	0	1,1	0,4
Sehnde	16,7	19,8	2,4	1,0	0,5	0,2
Goslar	-	63,2	0	0	7,7	3,0
Osterode	-	43,6	0	0	5,2	2,0
Northeim	-	46,9	0	0	9,5	3,7
Duderstadt	-	17,3	0	0	1,5	0,6
Göttingen	-	385,2	0	0	152,0	58,7
Bodenfelde	-	20,6	0	0	3,3	1,3
Holzminden	89,3	-	141,6	59,3	0	0
Einbeck	-	27,5	0	0	4,6	1,8
Seesen	-	22,6	0	0	3,7	1,4
Alfeld	-	33,9	0	0	4,1	1,6
Hameln	50,4	50,4	6,6	2,8	3,0	1,2
Höxter	52,2	-	35,6	14,9	0	0
Brakel	13,1	-	4,5	1,9	0	0
Bad Driburg	14,0	-	2,4	1,0	0	0
Helmstedt	31,2	33,1	0,8	0,3	0,9	0,3
Elze-Gronau	14,1	14,1	0,9	0,4	0,4	0,2
Region	640,3	1185,7	243,6	100,0	259,0	100,0

Quelle: Eigene Berechnung

---

[1] Die Nachfrage auf den betroffenen Relationen im Fernverkehr ist der Anlage 4 - 1 (a) bis 4 - 1 (f) zu entnehmen, diejenigen des Zentrumsverkehrs der Anlage 4 - 2.

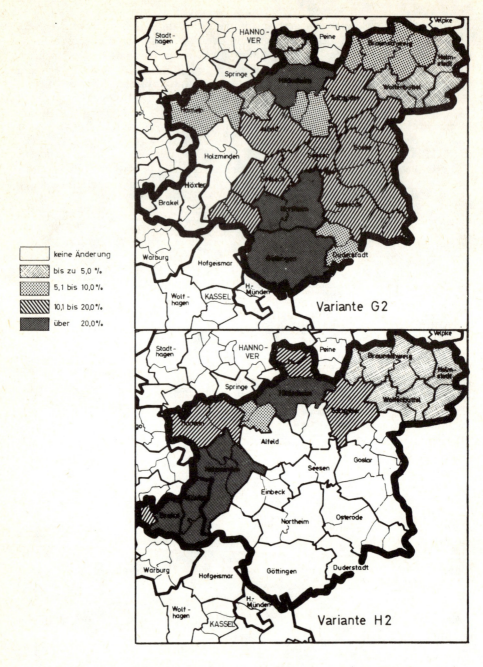

Abb. 3-5: Die Zunahme der potentiellen Nachfrage in % des Basisverkehrs

ten deutlich ab. Durch die Variante Göttingen werden insbesondere die Nahbereiche Göttingen, Northeim und Hildesheim, durch die Variante H2 der Raum Holzminden - Höxter und gleichfalls Hildesheim stark betroffen. In diesen Räumen insgesamt steigt die Nachfrage (Mehrpotentiale), gemessen in innerhalb der Region nachgefragten Hin- und Rückfahrten pro Jahr, bei der Variante G2 um 259.000 und bei H2 um 243.600 Fahrten pro Jahr. Die Differenz zwischen den Varianten beträgt jährlich 15.400 Fahrten, das Verhältnis G2 : H2 lautet 1,0 : 1,06.

Deutliche Reaktionen sind bei H2 in Holzminden, Hildesheim und Höxter festzustellen; dort treten allein 84,2% der errechneten zusätzlichen Nachfrage auf. Der Raum Braunschweig mit Wolfenbüttel, Helmstedt und Salzgitter trägt nur 8,6% als Mehrpotential bei. Im Falle G2 werden 73,8% der zusätzlichen Nachfrage in Göttingen und Hildesheim gemessen; der Harz trägt 18,1% und das Leinetal 18,2% bei.

3.1.3 Vorentscheidung über die Vergleichsvarianten

Die Beeinflussung der Untersuchungsregion ist einerseits von alternativen Trassenführungen, andererseits aber auch von unterschiedlichen Betriebsprogrammen abhängig. Ein abgerundetes Bild aller möglichen Wirkungen innerhalb der Region ergibt sich deshalb erst, wenn man die Streckenführungen über

- Holzminden durch das Wesertal (Variante H)
- Göttingen durch das Leinetal (Variante G)

nach Untervarianten differenziert, die sich durch unterschiedliche Linienführungen und Zughalte auszeichnen.

Bei einer Streckenführung durch das Wesertal wurden folgende Untervarianten untersucht:

- Variante 0 weist keine Zughalte zwischen Hannover und Kassel auf und enthält keine Einschleifung der Strecke Braunschweig - Hildesheim bei Elze. Sie ergibt für den Durchgangsverkehr die kürzesten Fahrzeiten.

- Variante H1 beinhaltet zusätzlich zu Variante 0 die Einschleifung von Zügen aus dem Raum Braunschweig zur direkten Fahrt nach Süden.

- Variante H2 enthält wie Variante H1 die Einschleifung sowie den Haltepunkt Holzminden mit Zugverbindungen nach Hannover, Hildesheim/Braunschweig und Kassel.

Bei einer Streckenführung durch das Leinetal wurde ebenfalls nach drei Varianten unterschieden. In allen drei Fällen halten sämtliche Züge in

Göttingen. Unterschiede ergeben sich nur durch den Anschluß von Hildesheim.

- **Variante G1** schließt Hildesheim weder durch einen Haltepunkt auf der Neubaustrecke noch durch eine Einschleifung in die Neubaustrecke an.

- **Variante G2** sieht eine Einschleifung der Strecke Hildesheim - Braunschweig mit Zugübergängen nach Süden vor.

- **Variante G3** hingegen hat keine Einschleifung, weist jedoch einen weiteren Haltepunkt "Hildesheim-West" an der Neubaustrecke auf.

Die genannten 6 Varianten sind jeweils Untervarianten der Hauptvarianten H und G. Da es hier darum geht, die Auswirkungen der Hauptvarianten zu ermitteln, wurde anhand der potentiellen Nachfrageveränderungen eine Vorauswahl zwischen den Untervarianten getroffen (Tab. 3 - 6).

Tabelle 3 - 6: Nachfragepotentiale der Untervarianten (Rückfahrkarten / Jahr)[1]

Varianten	Potentiale der Varianten		Differenz d. Potentiale	
			abs.	%
H 1 - 0	688.600	640.300	48.300	7,5
H 2 - H 1	883.900	688.600	195.300	28,4
G 2 - G 1	1.153.400	1.044.000	109.400	10,5
G 3 - G 1	1.078.300	1.044.000	34.300	3,3

Quelle: Eigene Berechnung

Der Vergleich der Varianten H 1 und 0 zeigt den Wert der Einschleifung. Die potentielle Nachfrage vergrößert sich dadurch um 7,5%. Der Vergleich H 2 - H 1 illustriert den Wert des Haltepunktes Holzminden. Das Potential von H 2 ist um 28,4% größer als das von H 1. Die Nachfragezuwächse sind in beiden Fällen so groß, daß die Variante H 2 als die für die weiteren Untersuchungen interessanteste erschien.

Ebenso zeigt der Vergleich G 2 - G 1 den Wert der Einschleifung durch die Steigerung der potentiellen Nachfrage um 10,5%. Der Wert eines Haltepunktes "Hildesheim-West" ist demgegenüber mit zusätzlichen 3,3% (G 3 - G 1) gering. Es wurde deshalb die Variante G 2 für die weiteren Untersuchungen ausgewählt.

---

[1] Verglichen werden nur die Potentiale von Mittelbereichen, die Differenzen aufweisen

Dadurch, daß H 2 und G 2 ähnlich definiert sind, ergibt ihr Vergleich ein zutreffendes Bild von den Unterschieden zwischen den beiden Hauptvarianten H und G.

3.2 VERKEHRSAUFKOMMEN

Die künftigen Nachfragepotentiale gelten für den Zustand guter Verkehrsbedienung im gesamten Streckennetz. Soweit Umsteigevorgänge im gebrochenen Verkehr unumgänglich sind, wurden sie bei den Potentialberechnungen lediglich als Zeitverlust berücksichtigt. Unberücksichtigt blieben die Frequenz der Zugfahrten und die Erschwernisse durch Umsteigevorgänge.

Da angenommen werden muß, daß die Deutsche Bundesbahn in Zukunft ebenso wie heute aus betriebswirtschaftlichen Gründen nicht auf allen Strecken ihres Netzes eine Zugfrequenz anbieten wird, die aus der Sicht des Benutzers als gute Bedienung bezeichnet werden kann, wird das Nachfragepotential nicht in vollem Umfang realisiert werden. Das tatsächliche Verkehrsaufkommen wird - in Abhängigkeit von der voraussichtlichen Verkehrsbedienung - geringer sein. Zur Abschätzung des Aufkommens war es deshalb notwendig, den Einfluß der Verkehrsbedienung zu erfassen.

3.2.1 Einfluß der Verkehrsbedienung

Deshalb ist versucht worden, den Zusammenhang zwischen Nachfragepotential, Verkehrsbedienung und Aufkommen über folgende Schritte herzustellen:

- Definition einer Norm der guten Verkehrsbedienung für IC- und D-Zug-Verkehrs des Jahres 1985

- Ermittlung der voraussichtlichen Zugfrequenzen je Haltepunkt und Trassenvariante

- Annahme einer Funktion zur Berücksichtigung des Einflusses der Zugfrequenzen und der Umsteigevorgänge auf das Verkehrsaufkommen

Die Norm der guten Bedienung muß zukünftigen Ansprüchen genügen, da die Abschätzungen für 1985 gemacht werden. Sie wurde bezogen auf den Tagesverkehr zwischen 6 und 24 Uhr, weil nachts bei Nachfrage und Angebot abweichende Verhältnisse herrschen. Folgende Frequenzen je Richtung werden für die Zukunft als "Norm der guten Bedienung" angesehen:

IC-Züge (und DC-Zubringer) stündliche Verbindungen

D-Züge (und Zubringer) halbstündliche Verbindungen.

Es wird unterstellt, daß bei einem Verkehrsangebot, das dieser Norm entspricht, das Verkehrsaufkommen gleich dem Nachfragepotential ist.

Für die Fernverbindungen von Hannover nach Norden und Westen sowie von Kassel nach Süden wurde angenommen, daß die oben definierte Norm erfüllt ist [1]. Informationen über die künftigen Zugfrequenzen auf den Strecken zwischen Hannover und Kassel können aus den Betriebsprogrammen der Deutschen Bundesbahn gewonnen werden [2]. Dabei sind jedoch von den dort für 24 Stunden ausgewiesenen Zügen die Nachtzüge (0 - 6 Uhr) abzuziehen. Entsprechende Ansätze wurden in Analogie zum Fahrplan 1973/74 (Leinetalstrecke) getroffen.

Für alle anderen Strecken in der Region sind keine Informationen über die künftige Zugfrequenz erhältlich. Abschätzungen ohne Berücksichtigung des Nahverkehrs und solcher Fernverkehre, die hier nicht untersucht wurden, sind nicht möglich. Es wurden deshalb die Frequenzen des Fahrplans 1973/74 zugrundegelegt, in der Annahme, daß sie die streckenweisen Unterschiede in der Frequenz noch am besten widerspiegeln.

In der Anlage 3 - 6 sind für ausgewählte Relationen nach Hannover und Kassel die Zugfrequenzen zusammengestellt, die den weiteren Ermittlungen zugrunde gelegt wurden. Für gebrochene Verkehre wurden die Frequenzen der Teilstrecken eingesetzt. Dabei wurde unterschieden zwischen IC-Verkehren mit DC-Anbindungen und D-Zug-Verkehren, für die alle Zuggattungen (IC ausgenommen) als Zubringer eingesetzt wurden [3].

Zur Berücksichtigung des Einflusses der Zugfrequenzen auf das Verkehrsaufkommen wurde eine Funktion verwendet, die in nachfolgender Abb. 3 - 6 dargestellt ist. Sie wurde in Anlehnung an Beispiele in der Literatur [4] formuliert und unterstellt für die Zukunft folgende Reaktionen der Verkehrsteilnehmer auf die Zugfrequenz (Z' hier als %-Satz der Norm der guten Bedienung für alle Zuggattungen):

Z'	10 %	25 %	50 %	75 %	100 %
f	0,33	0,60	0,85	0,95	1,0

---

[1] Die Betriebsprogramme der Deutschen Bundesbahn [3] enthalten keine detaillierten Angaben für einzelne Strecken. Annahmen zu treffen schien jedoch nicht notwendig, weil der Variantenvergleich davon nicht wesentlich berührt würde.

[2] Deutsche Bundesbahn, Erläuterungsbericht zur Planung der Neubaustrecke Rethen - Kassel, 1974

[3] Im Kap. 3.2.3 wird die Variation einzelner Frequenzen behandelt.

[4] R. Hoffmann, Was kann der Personenverkehr zur wirtschaftlichen Rechtfertigung des Baues einer neuen Eisenbahnstrecke beitragen? Zeitschrift für Verkehrswissenschaft, 1961; P. Faller, Kommerzielle Handlungsfreiheit für die Eisenbahnen des EWG-Raumes, Zeitschrift für Verkehrswissenschaft, 1968

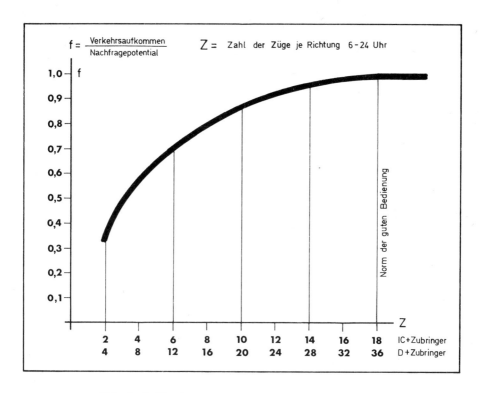

Abb. 3-6: Verkehrsaufkommen und Zugangebot

Die Reaktionen werden dabei ausgedrückt durch den Bedienungsfaktor f als Quotient aus realisierbarem Verkehrsaufkommen und Nachfragepotential. Zum Beispiel wird angenommen, daß bei einer Zugfrequenz, die halb so groß ist wie die Norm der guten Bedienung, das Verkehrsaufkommen 85% des Nachfragepotentials betragen wird. Der Verlauf der Kurve ergibt sich in erster Linie aus der Definition der Norm (für $Z \geq 18$ bzw. 36 Züge ist $f = 1,0$) und aus der Annahme für den Bedienungsfaktor $f = 0,60$ bei der Frequenz $Z = 25\%$ [1].

Schließlich wurde versucht, die Erschwernisse von Umsteigevorgängen und

---

[1] Im Kap. 3.2.3 wird diskutiert, welche Konsequenzen sich aus einer Variation dieser Annahme ergeben.

damit verbundene Zeitverluste, die infolge nichtoptimaler Fahrplan-Anpassung den rechnerisch berücksichtigten Wert von 10 Minuten übersteigen, dadurch zu erfassen, daß die Bedienungsfaktoren der Teilstrecken durch Multiplikation ($f = f_1 \cdot f_2$) verknüpft wurden.

Da die Nachfragepotentiale die Summe der IC- und D-Zug-Potentiale darstellen, wurden die für IC- und D-Zug-Verkehre getrennt ermittelten Bedienungsfaktoren im Verhältnis 12 : 88 aggregiert [1], um damit das jeweilige Verkehrsaufkommen berechnen zu können [2].

Abschließend sei noch einmal darauf hingewiesen, daß durch die Bedienungsfaktoren die Auswirkungen der Zugfrequenzen und der Erschwernisse durch gebrochene Verkehre bewertet werden, nicht jedoch die Fahrzeiten, die bereits bei den Potentialberechnungen berücksichtigt wurden.

3.2.2 Prognose des Verkehrsaufkommens

Wie bei den Ermittlungen zum Nachfragepotential wird auch beim Verkehrsaufkommen zwischen Fern-, Zentrums- und Regionalverkehr unterschieden [3]. Die Aufkommenswerte werden unter Anwendung der o.g. Bedienungsfaktoren auf die Potentiale ermittelt. Dabei wird die wachsende Mobilität der Bevölkerung wie im Bericht der Deutschen Bundesbahn [4] durch einen Zuschlag von 38% für den Zeitraum 1972 - 1985 (= 2,5% pro Jahr) berücksichtigt.

Zu den nachfolgenden Angaben wird darauf hingewiesen, daß generell nur Verkehre für Relationen berechnet wurden, auf denen Änderungen durch die Varianten H 2 oder G 2 gegenüber der Vergleichsvariante 0 auftreten. Die Summenwerte zeigen daher nicht die Bilanz aller Verkehre des Raumes bzw. der Relationen. Die zum Vergleich herangezogenen Werte der Variante 0 werden als "Vergleichsverkehre" bezeichnet. Sie sind für die Varianten H 2 und G 2 wegen der Einzugsbereiche verschieden groß.

---

[1] Dieses Mischungsverhältnis ergibt sich aus Fahrgastzählungen, die 1972 von der Deutschen Bundesbahn auf der Leinetalstrecke durchgeführt wurden.
[2] Für ausgewählte Relationen werden die Faktoren f in der Anlage 2 ausgewiesen.
[3] Zusätzlich wird der Durchgangsverkehr behandelt, der für die Abschätzung der Fahrzeitgewinne und -verluste benötigt wird.
[4] Deutsche Bundesbahn, Erläuterungsbericht zur Planung der Neubaustrecke Rethen - Kassel, 1974

3.2.2.1 Fernverkehr

Für die jeweils betroffenen Relationen der beiden Varianten ergaben die Berechnungen folgende Aufkommenswerte in Personenfahrten pro Jahr (Tab. 3 - 7):

Tabelle 3 - 7: Aufkommen im Fernverkehr

	Aufkommen	Vergleichs-verkehr	Mehrverkehr
Variante H 2	2.200.500	1.826.800	+ 373.700
Variante G 2	4.008.000	3.471.800	+ 536.200

Quelle: Eigene Berechnung

Die durch das bessere Verkehrsangebot induzierten Mehrverkehre unterscheiden sich sowohl in ihrer absoluten Größe als auch durch ihr Verhältnis zum Vergleichswert der Variante 0. Absolut sind die Mehrverkehre der Variante G 2 um 162.500 Fahrten/Jahr (43,5 %) größer als die der Variante H 2. Die Mehrverkehre lassen sich aufschlüsseln nach den am stärksten betroffenen Räumen (Tab. 3 - 8).

An der Spitze der jeweils betroffenen Räume stehen erwartungsgemäß Holzminden - Höxter einerseits und Göttingen andererseits. Hildesheim folgt in beiden Fällen an zweiter Stelle. Ursache ist die Einschleifung der Strecke Hildesheim - Braunschweig in die Neubaustrecke. Sie wirkt sich auch auf Salzgitter aus.

Bei Variante H 2 zeigt Brakel noch Wirkungen und für die Variante G 2 sind in Northeim und Goslar noch nennenswerte Vorteile meßbar. Da die Wirkungen absolut gesehen in Hildesheim und Salzgitter in beiden Fällen gleich sind, können sie im direkten Vergleich vernachlässigt werden.

Deutliche Mehrverkehre weisen im Falle H 2 Holzminden, Höxter und Brakel mit zusammen 283.800 Mehrfahrten/Jahr und im Falle G 2 Göttingen mit Northeim und Goslar 426.000 Mehrfahrten/Jahr auf. Die Differenz dieser Mehrverkehre beträgt 142.200 Fahrten/Jahr, das Verhältnis der beiden Werte zueinander ist 1 : 1,5 [1].

---

[1] In der Anlage 3 sind die Aufkommenswerte der Varianten 0, H 2 und G 2 aller Mittelbereiche nach Stromrichtungen ausgewiesen

Tabelle 3 - 8: Mehrverkehr der Mittelbereiche im Fernverkehr

Quelle/Ziel der Region (Mittelbereiche)	Mehrverkehre	
	Fahrten/Jahr	% vom Mehrverkehr der Region
Variante H 2		
Holzminden	209.600	56,1
Höxter	62.500	16,7
Hildesheim	42.900	12,2
Salzgitter	17.500	5,0
Brakel	11.700	3,3
restliche Räume	29.500	8,4
Variante G 2		
Göttingen	379.200	70,7
Hildesheim	41.300	7,7
Northeim	32.500	6,0
Salzgitter	17.100	3,2
Goslar	14.300	2,7
restliche Räume	51.800	9,7

Quelle: Eigene Berechnung

3.2.2.2 Zentrumsverkehr

Analog zum Fernverkehr wurden die Verkehre zwischen der Region und den Zentren Hannover und Kassel bestimmt (Personenfahrten/Jahr).

Im Vergleich der Mehrverkehrs-Summen dominiert die Variante G 2 eindeutig mit 567.000 jährlichen Mehrfahrten gegenüber Variante H 2. Die Differenz entsteht überwiegend auf der Relation Göttingen - Kassel. Das Verhältnis H 2 / G 2 beträgt dort 1 : 3,73, auf der Relation nach Hannover hingegen nur 1 : 1,17.

Werden diese Summen nach relevanten Relationen aufgeschlüsselt, so wird das Bild noch deutlicher (Tab. 3 - 10 und Abb. 3 - 7).

Bei Variante H 2 konzentrieren sich die Wirkungen in Holzminden und Höxter, wobei die Mehrverkehre nach Hannover überwiegen. Nennenswerte Mehrverkehre treten sonst nur noch auf der Relation Hildesheim - Kassel auf (Vorteil der Einschleifung).

Die Konzentrationswirkung ist bei der Variante G 2 noch stärker. 90% aller Mehrverkehre treten im Raum Göttingen auf. Davon entfallen 70% auf die Verbindung nach Kassel und 30% auf die nach Hannover. Die Hildesheimer Mehrverkehre sind ebenso groß wie bei der Variante H 2, sie können also beim Vergleich der Varianten vernachlässigt werden.

Tabelle 3 - 9: Aufkommen im Zentrumsverkehr

	Aufkommen	Vergleichsverkehr	Mehrverkehr
Variante H 2			
Hannover	301.400	66.500	+ 234.900
Kassel	392.600	200.100	+ 192.500
zusammen	694.000	266.600	+ 427.400
Variante G 2			
Hannover	692.300	416.800	+ 275.500
Kassel	1.258.900	540.000	+ 718.900
zusammen	1.951.200	956.800	+ 994.400

Quelle: Eigene Berechnung

Tabelle 3 - 10: Mehrverkehr der Mittelbereiche im Zentrumsverkehr [1]

Quelle/Ziel der Region	Mehrverkehr	
	Fahrten/Jahr	% vom Mehrverkehr der Region
Variante H 2		
Holzminden - Hannover	155.200	36,3
- Kassel	114.200	27,7
Höxter - Hannover	68.200	16,1
- Kassel	31.900	7,7
Hildesheim - Kassel	27.900	6,8
sonstige Relationen	29.400	7,1
Variante G 2		
Göttingen - Hannover	274.400	27,6
- Kassel	633.400	63,7
Northeim - Kassel	28.600	2,9
Hildesheim - Kassel	26.200	2,6
sonstige Relationen	31.800	3,2

Quelle: Eigene Berechnung

---

[1] In der Anlage 5 werden die Aufkommenswerte der Varianten 0, H 2 und G 2 aller Mittelbereiche ausgewiesen.

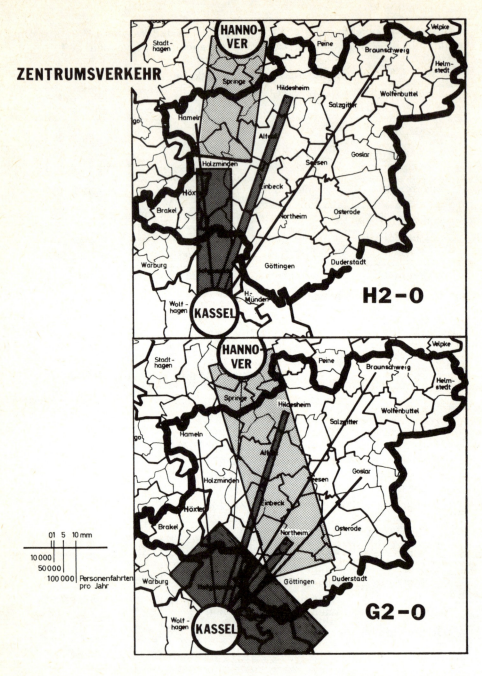

Abb. 3-7: Schienengebundener Mehrverkehr aus der Region nach Kassel und Hannover in zusätzlichen Personenfahrten infolge der Varianten H2 oder G2 gegenüber 0

3.2.2.3 Regionalverkehr

Fahrten innerhalb der Region werden bei den Trassenvarianten H 2 und G 2 begünstigt durch die Einschleifung der Strecke Hildesheim - Braunschweig in die Neubaustrecke in Verbindung mit den Haltepunkten Holzminden bzw. Göttingen. Die Vorteile beschränken sich auf

- Hildesheim, Salzgitter, Braunschweig, Wolfenbüttel und Helmstedt einerseits

- Holzminden, Höxter, Brakel, Bad Driburg oder Göttingen andererseits.

Die Berechnung der Regionalverkehre ergab folgende Werte für 1985 (Fahrten/Jahr):

Tabelle 3 - 11: Aufkommen im Regionalverkehr

Relation +	Aufkommen	Vergleichs-verkehr	Mehr-verkehr
Variante H 2			
Holzminden-HSBWH	90.600	33.100	57.500
Höxter / Brakel / Bad Driburg-HSBWH	56.700	35.600	21.100
zusammen	147.300	68.700	78.600
Variante G 2			
Göttingen - HSBWH	305.700	194.900	110.800

+ HSBWH = Hildesheim + Salzgitter + Braunschweig + Wolfenbüttel + Helmstedt
Quelle: Eigene Berechnung

Der Vergleich beider Varianten zeigt, daß alle Werte der Variante G 2 wesentlich größer sind als die der Variante H 2. Relativ betrachtet fällt der hohe Mehrverkehr bei Holzminden gegenüber dem Vergleichsverkehr auf, der zwei Ursachen hat. Erstens wirken sich - wie bei Variante G 2 - die höheren Reisegeschwindigkeiten auf der Neubaustrecke aus. Zweitens entsteht durch die Einschleifung der Neubaustrecke zwischen Holzminden und Hildesheim eine Streckenverkürzung von rd. 40 km, weil der Umweg über Kreiensen entfällt.

3.2.2.4 Durchgangsverkehr

Die Deutsche Bundesbahn hat die Zahl der Reisenden im Durchgangsverkehr aus Verkehrsstromzählungen des Jahres 1972 hochgerechnet [1]. Zur Verfügung standen Zähldaten aus je einer Woche der Monate Februar, Juni, August und Oktober, die zusammengefaßt folgendes Bild ergeben:

Tabelle 3-12: Verkehrszählungen 1972 (4 Wochen) im Nord-Süd-Verkehr

Fahrtrichtung	IC - 1. Kl.	D - 1. Kl.	D - 2. Kl.	Summe
Nord - Süd	23.215	16.682	159.485	199.382
Süd - Nord	22.039	15.071	142.047	179.157
Summe abs.	45.254	31.753	301.532	378.539
%	12,0	8,4	79,6	100,0

Quelle: Eigene Betrachtung

Diese Daten sind von der Deutschen Bundesbahn als repräsentativ angesehen und mit einem Faktor 1,73 hochgerechnet worden [2]. Die Rechnung ergab für 1985 und beide Fahrtrichtungen zusammen 8,52 Millionen Reisende.

Von der Projektgruppe "Korridoruntersuchungen" im Bundesministerium für Verkehr sind ebenfalls Prognosen erstellt worden [3]. Für die Zwecke der Korridoruntersuchungen war es aber nicht notwendig, zwischen Durchreisenden und Aus- bzw. Einsteigern der Untersuchungsregion Hannover - Kassel zu unterscheiden, weshalb diese Daten für die hier vorliegenden Aufgabenstellungen weniger aussagekräftig sind [4].

Da keine besseren Analysedaten zur Verfügung standen als die, die von der

---

[1] Vgl. Deutsche Bundesbahn, Erläuterungsbericht zur Planung der Neubaustrecke Rethen - Kassel, 1974, Anlage 2/A 5
[2] Welche Einflüsse in diesem Faktor berücksichtigt worden sind, konnte nicht detailliert in Erfahrung gebracht werden. Ein allgemeiner Mobilitätszuwachs ist mit 1,38 darin enthalten. Vermutlich repräsentieren die übrigen Anteile (1,25) Veränderungen der Einwohner und Erwerbspersonen sowie Attraktivitätssteigerungen durch kürzere Reisezeiten.
[3] Vgl. Bundesverkehrswegeplan 1. Stufe, Bundestags-Drucksache 7/1045. Es handelt sich um Trendextrapolationen aus Querschnittszählungen der Jahre 1860 bis 1971.
[4] Diese Berechnungen enthalten einen Hochrechnungsfaktor von 1,69 für den Zeitraum 1971 - 1895. Sie gehen von Analysedaten des Jahres 1971 aus, die über den von der Deutschen Bundesbahn verwendeten Zähldaten des Jahres 1972 liegen. Die Prognose liegt deshalb um rd 25% über dem Vergleichswert der Deutschen Bundesbahn.

Deutschen Bundesbahn verwendet wurden war es nicht sinnvoll, auf dieser schwachen Datenbasis eine eigene Prognose des Durchgangsverkehrs zu erstellen. Es wurde deshalb die Prognose der Deutschen Bundesbahn für den Durchgangsverkehr verwendet und diese um die Fahrten korrigiert, die in den übrigen Aufkommensarten bereits enthalten sind

Für die Berechnung der Fahrzeitveränderungen im Durchgangsverkehr wurden deshalb folgende Aufkommenswerte 1984 (Fahrten/Jahr) zugrundegelegt:

Fahrten in IC - Zügen	1.020.000
Fahrten in D - Zügen	5.730.000
Fahrten insgesamt	6.750.000

3.2.3 Empfindlichkeitsanalysen für die Verkehrsbedienung

Einige der Annahmen bleiben nicht ohne Auswirkungen auf die Berechnungen des Verkehrsaufkommens. Es soll nachfolgend geprüft werden, welche Konsequenzen die Änderung einzelner Annahmen für das Aufkommen hat.

Die Untersuchungen werden auf die Punkte konzentriert, die möglicherweise besondere Bedeutung haben:

- Zahl der Zughalte in Holzminden bei Variante H 2
- Abhängigkeit des Bedienungsfaktors f von der Zugfrequenz Z (Abb. 5 - 1)

Zur Zahl der geplanten Zughalte auf der Neubaustrecke in Holzminden (Variante H 2) hat die Deutsche Bundesbahn bisher keine eindeutigen Angaben gemacht. Im Erläuterungsbericht zur Planung der Neubaustrecke Rethen - Kassel findet sich nur der Vermerk "Bei ausreichender Verkehrsnachfrage kann für den Raum Holzminden/Höxter ein Bahnhof an der Neubaustrecke angelegt werden." Auf Anfrage teilte die Zentrale Transportleitung der Deutschen Bundesbahn am 13.2.1974 ergänzend mit: "In Holzminden werden sich bei ausreichendem Verkehrsaufkommen die wenigen Zughalte auf die Morgen-, Mittag- und Abendstunden verteilen."

---

[1] Es handelt sich um Fern- und Zentrumsverkehre von und nach den Mittelbereichen Braunschweig, Wolfenbüttel, Helmstedt, Salzgitter, Hildesheim, Sehnde, Elze und Hameln, die heute über Hannover durchgeführt werden, während sie bei Variante H 2 und G 2 z. T. über die Einschleifung bei Hildesheim gehen.

Daß die Deutsche Bundesbahn das künftige Verkehrsaufkommen für ausreichend hält, um einige Züge in Holzminden halten zu lassen, kann jedoch indirekt aus folgender Aussage geschlossen werden: "Der bei Variante Holzminden schlechteren Bedienungsqualität für Göttingen steht eine Qualitätsverbesserung im Raum Holzminden/Höxter gegenüber, die praktisch einer Neuerschließung dieses Raumes für den Nord-Süd-Verkehr gleichkommt."[1]

Offen bleibt die Zahl der Zughalte. Als Maximum können 12 Zughalte je Tag und Richtung angenommen werden. Dies würde bedeuten, daß während der interessanten Tageszeiten etwa stündlich ein Zug je Richtung oder ein Drittel aller auf der Neubaustrecke verkehrenden D-Züge in Holzminden halten werden[2]. Mit dieser maximalen Frequenz der Zughalte auf der Neubaustrecke in Holzminden sind die bisherigen Ermittlungen durchgeführt worden.

Um erkennen zu können, welchen Einfluß die Zugfrequenz auf das Verkehrsaufkommen hat, wurden die Aufkommenswerte der Variante H 2 auch für eine Mindestzahl von 3 Zughalten pro Tag und Richtung ermittelt. In Tab. 3 - 12 sind die Aufkommenswerte für beide Frequenzen zum Vergleich gegenübergestellt.

Tabelle 3 - 12a: Aufkommen der Variante H 2 bei max. und min. Zughalten auf der Neubaustrecke in Holzminden (Fahrten/Jahr)

	Zughalte pro Tag und Richtung		Differenz
Fernverkehr	2.200.500	1.936.600	263.900
Zentrumsverkehr	694.000	478.600	215.400
Regionalverkehr	147.300	68.700	78.600
Summe	3.041.800	2.483.900	557.900

Quelle: Eigene Berechnung

Der Rückgang im Aufkommen durch Senkung der Zugfrequenz im Haltepunkt Holzminden beträgt rd. 18%. Zieht man von diesen Aufkommenswerten die Vergleichsverkehre der Variante 0 ab, so ergeben sich die jeweiligen Mehrverkehre. Sie betragen insgesamt 748.000 Fahrten (max.) bzw. 190.100 Fahrten (min.).

Das bedeutet, daß die Mehrverkehre durch Senkung der Zugfrequenz auf rd. 25% zurückgehen würden mit entsprechenden Konsequenzen für die daraus resultierenden Mehreinnahmen der Deutschen Bundesbahn[3]. Das Auf-

---
[1] Erläuterungsbericht der Bundesbahn a.a.O. S. 32
[2] Es wird angenommen, daß die IC-Züge bei Variante H 2 zwischen Hannover und Kassel durchfahren.
[3] Vgl. Kap. 7

kommen der Variante H 2 würde sich stark dem der Variante 0 annähern.

Weiterhin bleibt zu prüfen, welchen Einfluß eine Veränderung der Beziehungen zwischen Bedienungsfaktor f und Zugfrequenz Z hat. Die benutzte Funktion geht davon aus, daß bei einer Zugfrequenz von 25% (Z) der Norm der guten Bedienung rd. 60% (f) des Nachfragepotentials als Verkehrsaufkommen realisierbar sind.

Zur Veranschaulichung der Empfindlichkeit der Aufkommensberechnungen ist alternativ für den Fernverkehr ermittelt worden, welche Folgen die Annahme f = 70% bei Z' = 25% und ein entsprechender Kurvenverlauf hätten (siehe Tab. 3 - 13).

Tabelle 3 - 13: Aufkommen im Fernverkehr bei alternativen Funktionen des Bedienungsfaktors f

	Z' = 25%		
	f = 0,60	f = 0,70	Differenz
Variante H 2	2.200.500	2.433.700	233.200
Variante G 2	4.008.000	4.284.600	276.600

Die absoluten Differenzen gegenüber den bisherigen Werten sind bei beiden Varianten fast gleich groß. Relativ beträgt die Differenz bei Variante H 2 + 10,6% und bei Variante G 2 + 6,9%. Die Unterschiede sind so gering, daß sie keinen nennenswerten Einfluß auf den Variantenvergleich haben. Es kann deshalb auch darauf verzichtet werden, ähnliche Berechnungen für den Zentrums- und Regionalverkehr sowie für alternative Funktionen durchzuführen.

3.3 FAHRZEITVERÄNDERUNGEN

Die Trassenvarianten H 2 und G 2 verursachen gegenüber der Vergleichsvariante 0 Veränderungen der Reisezeiten im Personenverkehr durch:

- regionale Zusteigemöglichkeiten in Holzminden bzw. Göttingen zu den schnellen Fernverbindungen der Neubaustrecken

- neue Zugverbindungen zwischen dem Raum Braunschweig - Hildesheim nach Holzminden bzw. Göttingen und Kassel über die Einschleifung bei Hildesheim.

Nachfolgend werden die künftigen Reisezeitveränderungen mit den Werten des Verkehrsaufkommens gewichtet. Dabei werden die Vergleichsverkehre herangezogen, weil es für die Mehrverkehre keine Zeitgewinne gibt.

3.3.1 Fernverkehr

Die Produkte aus Vergleichsverkehr und Zeitvorteil je Mittelbereich ergeben nach Stromrichtungen aufsummiert folgende Werte:

Tabelle 3 - 14: Zeitgewinne im Fernverkehr (Stunden/Jahr)

Stromrichtungen	Variante	
	H 2	G 2
Norden, Westen, Osten	106.600	146.800
Süden	402.400	580.000
zusammen	509.000	726.800

Quelle: Eigene Ermittlung

Die Summen der Zeitgewinne sind in beiden Fällen beträchtlich. Die der Variante G 2 liegen rd. 43% über denen der Variante H 2 bei einer absoluten Differenz von 217.800 Stunden/Jahr. Bei der Betrachtung der Zeitgewinne nach Stromrichtungen fällt auf, daß die Verkehre von und nach Süden dominieren. Sie machen 79 bzw. 80% der Zeitgewinne aus. Wählt man die Räume der Region aus, die die größten Zeitgewinne im Fernverkehr erbringen, so ergibt sich folgendes Bild (beide Stromrichtungen zusammen):

Tabelle 3 - 15: Zeitgewinne im Fernverkehr nach Mittelbereichen

Mittelbereich	Zeitgewinne	
	Std./Jahr	% von insges.
Variante H 2		
Holzminden + Höxter	210.600	41,4
Hildesheim + Salzgitter	188.100	37,0
Variante G 2		
Göttingen + Northeim	363.100	50,0
Hildesheim + Salzgitter	165.500	22,8

Quelle: Eigene Ermittlung

Daß Holzminden mit Höxter und Göttingen mit Northeim jeweils an der Spitze stehen, erklärt sich aus den Haltepunkten der Varianten. Hildesheim und Salzgitter profitieren durch die Einschleifung in die Neubaustrecken. Ihre Zeitgewinne sind jedoch bei beiden Varianten etwa gleich groß. Aus allen Daten ragen die Werte von Göttingen heraus. Sie erklären auch die Unterschiede in den Summenwerten der beiden Varianten.

3.3.3 Zentrumsverkehr

Für die Zentrumsverkehre zwischen der Region und den Zentren Hannover einerseits, Kassel andererseits, ergaben die Ermittlungen folgende Zeitvorteile gegenüber Variante 0:

Tabelle 3 - 16: Zeitgewinne im Zentrumsverkehr

Zentrum	Variante H 2	G 2
Hannover	51.600	76.400
Kassel	46.500	145.100
zusammen	98.100	221.500

Quelle: Eigene Ermittlung

Während die eingesparten Stunden der Verkehrsströme nach Hannover um 24.800 voneinander abweichen, beträgt die Differenz bei den Verkehren nach Kassel rd. 100.000 Stunden. Diese Stromrichtung erklärt vor allem die großen Unterschiede in den Summenwerten.

3.3.3 Regionalverkehr

Analoge Ermittlungen für die Verkehre in der Region über die Einschleifung bei Hildesheim ergeben folgende künftigen Zeitgewinne:

Variante H 2   38.300 Stunden/Jahr
Variante G 2   55.200 Stunden/Jahr.

Sie sind gemessen an den Gewinnen aus Fern- und Zentrumsverkehr wesentlich kleiner. Auf eine Detaillierung nach Stromrichtungen wird deshalb verzichtet.

3.3.4 Durchgangsverkehr

Bei der Variante H 2 treten gegenüber der Variante 0 Zeitverluste dadurch auf, daß einige D-Züge in Holzminden halten. Wie bei der Berechnung des Verkehrsaufkommens wird mit 12 haltenden D-Zügen je Richtung und Tag gerechnet. Der Zeitverlust je Halt wird mit 5 Minuten veranschlagt. Die Gesamtzahl der D-Züge wird im DB-Betriebsprogramm mit 65 bis 80 pro Tag und Richtung angegeben. Die nachfolgenden Rechnungen werden deshalb auf dem Mittelwert von 72,5 Zügen aufgebaut. Durch die Zughalte entsteht ein Gesamtzeitverlust von 81.900 Stunden/Jahr.

Die Zeitveränderungen im Durchgangsverkehr bei Variante G 2 treten bei IC- und D-Zügen auf. Der Umweg über Göttingen bedeutet für die IC-Züge (einschl. Halt) einen Verlust von 11 Minuten. Die jährlichen Zeitverluste betragen dadurch im IC-Zug-Verkehr 148.500 Stunden.

Für die Berechnung der Zeitveränderungen im D-Zug-Verkehr der Variante G 2 sind vier verschiedene Zuggruppen zu betrachten (vgl. Betriebsprogramme der Deutschen Bundesbahn [1]):

a) 10/15 Züge, die unverändert im Leinetal zwischen Hannover und Bebra verkehren (keine Zeitveränderungen).

b) 5 Züge zwischen Hannover und Würzburg, die bei Variante 0 über die vorhandene Strecke (Bebra) fahren, bei Variante G 2 jedoch über die Neubaustrecke. Der Zeitgewinn beträgt 60 Minuten oder 409.600 Stunden/Jahr für Variante G 2.

c) 15/20 (Mittelwert 17,5) Züge zwischen Hannover und Kassel über Göttingen, die bei Variante 0 über die vorhandene Strecke (Eichenberg) und bei Variante G 2 über die Neubaustrecke geführt werden. Der Zeitgewinn beträgt 32 Minuten oder 764.700 Stunden/Jahr für Variante G 2.

d) 35/40 (Mittelwert 37,5) Züge zwischen Hannover und Kassel, die bei Variante 0 über die Neubaustrecke im Wesertal und bei Variante G 2 über die Neubaustrecke im Leinetal fahren werden. Der Zeitverlust beträgt 14 Minuten oder 716.900 Stunden/Jahr für Variante G 2.

Die Bilanz der Zeitveränderungen durch Variante G 2 gegenüber Variante 0 ergibt insgesamt 308.900 Stunden/Jahr. Im Gegensatz zur Variante H 2 ist hier die Bilanz des Durchgangsverkehrs positiv, wobei darauf hinzuweisen ist, daß diese Ergebnisse stark von den Betriebsprogrammen der Deutschen Bundesbahn abhängig sind [2].

3.3.5 Bilanz der Fahrzeitveränderungen

Die nachfolgende Tabelle gibt einen Überblick über alle Fahrzeitgewinne

---

[1] Deutsche Bundesbahn, Erläuterungsbericht zur Planung der Neubaustrecke Rethen - Kassel, 1974, Anlage 2 Seite 27

[2] Die Berechnungen der Deutschen Bundesbahn weichen mit einem Zeitverlust von 1.980.000 Stunden/Jahr für die Göttinger Variante stark von deren Ermittlungen ab, weil dort nur die Verluste im IC- und D-Zug-Verkehr errechnet und dabei alle Fahrgäste des Durchgangsverkehrs berücksichtigt wurden. Bundesverkehrsministerium; Untersuchungen über Verkehrsinvestitionen in ausgewählten Korridoren der BRD, 1972.

und -verluste der beiden Trassenvarianten im Vergleich zu Variante 0.

Tabelle 3 - 17: Bilanz der Zeitgewinne und -verluste

Verkehrsart	Variante		Differenz
	H 2	G 2	G 2 - H 2
FAHRZEITEN (Std./Jahr)			
Fernverkehr (F)	+ 509.000	+ 726.800	
Zentrumsverkehr (Z)	+ 98.100	+ 221.500	
Regionalverkehr (R)	+ 38.300	+ 55.200	
Summe F + Z + R	+ 645.400	+ 1.003.500	+ 358.100
Durchgangsverkehr	- 81.900	+ 308.900	+ 390.800
insgesamt	+ 563.500	+ 1.312.400	+ 748.900

Die Summe der Fahrzeitgewinne aus Fern-, Zentrums- und Regionalverkehren ist bei Variante G 2 um rd. 55% größer als bei Variante H 2. Nimmt man den Durchgangsverkehr hinzu, erhöht sich diese Differenz auf 133%. Der Unterschied setzt sich etwa zu gleichen Teilen aus Fern-, Zentrums- und Regionalverkehren einerseits und Durchgangsverkehren andererseits zusammen.

Die Fahrzeitgewinne im Fern- und Zentrumsverkehr sind z.T. Vorteile für die Bewohner der Region, z.T. kommen sie Fahrgästen zu, die von außerhalb in die Region einreisen. Die - relativ geringen - Zeitgewinne des Regionalverkehrs sind zu 100% Vorteile für die Region. Entsprechend treten die Verluste im Durchgangsverkehr nur bei Fahrgästen auf, die nicht Bewohner der Region sind.

4. Privatwirtschaftliche Bewertung der Alternativen aus der Sicht der Deutschen Bundesbahn

4.1 METHODISCHE VORBEMERKUNGEN

Obwohl in dieser Untersuchung die gesamtwirtschaftlichen bzw. die regionalwirtschaftlichen Vor- und Nachteile der Neubautrassen im Vordergrund stehen, erschien es zweckmäßig, auch auf privatwirtschaftliche Aspekte aus der Sicht der Deutschen Bundesbahn einzugehen. Die Gegenüberstellung privatwirtschaftlicher und gesamtwirtschaftlicher Trassenbewertungen erlaubt es, Grenzbeträge für die Abgeltung gemeinwirtschaftlicher Aufgaben der Bundesbahn zu ermitteln. Zugleich verdeutlicht sie die potentiell unterschiedliche Interessenlage der Bundesbahn einerseits, der staatlichen Planungsinstanzen andererseits.

Die privatwirtschaftliche Beurteilung bezieht teilweise Effekte ein, die in der gesamtwirtschaftlichen Betrachtung zur Vermeidung von Doppelzählungen entfallen müssen. Andererseits klammert sie alle sich nicht auf Kosten oder Erträge der Bahn auswirkenden Investitionseffekte aus.

Wesentliche Einzelgrößen sind Unterschiede der Alternativen

- auf der Kostenseite bei den

    0 Investitionskosten
    0 Betriebskosten
    0 Instandhaltungskosten
    0 Zugförderungskosten

- auf der Ertragsseite bei den

    0 Fahrgeldeinnahmen.

Unter den verschiedenen Verfahren der Investitionsrechnung wird hier der Weg gewählt, Nutzen- und Kostenreihen durch ihre Gegenwartswerte auszudrücken. Einerseits wird die Vergleichbarkeit hergestellt, da durch den Gegenwartswert alle Kosten und Nutzen auf einen gleichen Zeitpunkt projiziert werden. Andererseits ist in den Gegenwartswerten die Verzinsung des eingesetzten Kapitals berücksichtigt. Hierzu muß der Zeitplan der Investitionen und der Anfall der Nutzen bekannt sein und der Zeitpunkt des Gegenwartswertes fixiert werden. Außerdem muß die Diskontierungsrate ermittelt und die Dauer des Anfalls von Nutzen und Kosten festgelegt werden.

Die Berechnungen gehen von folgenden Annahmen aus:

- Die Neubaustrecke wird 1985 in Betrieb genommen;
- Gegenwartswerte werden auf das Jahr 1985 bezogen;
- Die Investitionskosten und damit die Differenzkosten der Alternativen fallen in gleich hohen Jahresraten an;
- Mit der Inbetriebnahme 1985 wird gleichzeitig der Beginn der jährlichen Betriebskosten festgelegt. Unter Vernachlässigung möglicher Anlaufzeiten beginnt gleichzeitig der sich aus den Verkehrsprognosen ergebende jährliche Nutzenanfall;
- Die Lebensdauer der Anlage ist unendlich, wenn erforderliche laufende Erneuerungsaufwendungen eingesetzt werden.

4.2 ZUR WAHL DES KALKULATIONSZINSFUSSES

Die Diskussion über die Wahl des "richtigen" Diskontierungszinsfußes ist nicht abgeschlossen, ist allerdings für gesamtwirtschaftliche Bewertungen kontroverser (s.u.) als für privatwirtschaftliche Kalküle. Dabei lassen sich zwei Aspekte unterscheiden:

- die Berücksichtigung des Inflationseffektes

- die Wahl des "richtigen" realen Zinssatzes.

Unbestritten ist, daß die verschiedenen diskutierten Marktzinssätze einen Inflationsanteil enthalten. Wird bei der Projektion von Kosten und Erträgen von konstanten Preisen ausgegangen, so ist es plausibel, den Marktzins um diesen Inflationsanteil zu reduzieren.

Andererseits ist es bei gesamtwirtschaftlichen Bewertungen umstritten, Marktzinsen überhaupt als Ausgangspunkt der Realzinsermittlung zu wählen [1].

So wird argumentiert, daß der Marktzins u.U. für den Investor die Opportunitätskosten des Kapitaleinsatzes nicht richtig wiedergibt. Im Bundesverkehrsministerium werden Kosten-Nutzen-Rechnungen für die koordinierte Investitionsplanung mit einer Diskontierungsrate von 3,5% durchgeführt. Diese Rate wird mit dem langfristig erwarteten realen Produktivitätsfortschritt der Gesamtwirtschaft begründet [2]. Dem liegt offenbar die Gleichgewichtsbedingung der neoklassischen Wachstumstheorie des sogenannten golden age zugrunde [3]. Auch dieser Ansatz ist sicherlich problematisch, führt jedoch im Ergebnis zu keiner wesentlichen Abweichung gegenüber dem um die Inflationsrate reduzierten Zinssatz für festverzinsliche Wertpapiere.

Angesichts der gleichartigen Struktur der beiden zu vergleichenden Alternativen ist es nicht denkbar, daß die Wahl des Kalkulationszinsfußes auf die Rangfolge der jeweiligen privatwirtschaftlichen Kapitalwerte Einfluß hat. Relevant wird der Zins jedoch bei der gesamtwirtschaftlichen Bewertung. Hier ist eine Rangfolgeumkehr bei verändertem Zinssatz theoretisch denkbar. Die Berechnungen erfolgen daher mit zwei Zinssätzen: mit 8% und mit 3,5% p.a.

---

[1] Vgl. M. Tietzel, Die Effizienz staatlicher Investitionsentscheidungen im Verkehrssektor, Frankfurt 1972, S. 236 ff.
[2] Vgl. E. Moosmayer, Entscheidungen über langfristige Projekte unter kurzfristigen Budgetrestriktionen - ein vereinfachtes Modell für die praktische Planung von Verkehrswegen, in: Zeitschrift für Verkehrswissenschaft H. 3/1975, S. 125 ff.
[3] Vgl. Planco Consulting-GmbH, Nutzen-Kosten-Untersuchung für die Verbesserung der seewärtigen Zufahrt und den Ausbau des Emder Hafens, Essen-Hamburg 1976, S. 45

4.3 KOSTENVERGLEICH

Die Investitionskosten und die laufenden Ausgaben für die Varianten stützen sich direkt auf die Angaben der Deutschen Bundesbahn [1]. Sämtliche Kosten verstehen sich in Preisen von 1972; auf ihre Inflationierung wird verzichtet. Im vorliegenden Fall werden die Kosten als Differenzkosten zur Variante 0 dargestellt. Hierbei ergeben sich zwischen H 2 und 0 keine Differenzen, da die Kosten für die Einschleifung und zusätzliche Zugförderkosten durch die Zughalte in Holzminden und Göttingen bei beiden Varianten vernachlässigt werden (siehe Tabelle 4 - 1).

Tabelle 4 - 1: Der Gegenwartswert der Differenzkosten der Varianten H 2 und G 2 in Millionen DM (positive Werte bedeuten Mehrkosten der Variante G 2)

Kostenart	Zeitwert 1975-1985	ab 1985 (DM/Jahr)	1975 Gegenwartswerte 3,5%	8%
Investitionsmehrkosten	530,0		+ 440,8	+ 355,6
Betriebskosten		+ 0,8	+ 16,2	+ 4,6
Instandhaltung		+ 5,5	+ 111,4	+ 31,9
Zugförderungskosten		+ 4,0	+ 81,0	+ 23,2
Insgesamt	+530,0	+ 10,3	+ 649,4	+ 415,3

Die Investitionskosten für die Variante H 2 betragen 1.640,0 Millionen DM und die der Variante G 2 2.170,0 Millionen DM. Die Differenzkosten der Investition und laufenden Kosten, diskontiert auf das Jahr 1975 gegenüber der Variante 0, ergeben für die Variante G 2 Mehrkosten, ausgedrückt als Gegenwartswert 1975, von 415,3 Millionen DM bzw. 649,4 Mio. DM (Diskontierung mit 8 bzw. 3,5% p.a.). Ihnen müssen die Nutzen bzw. die Einnahmen, die gleichfalls in Preisen von 1972 gerechnet wurden, entgegengestellt werden.

4.4 ERTRAGSVERGLEICH

Zusätzliche Erträge ergeben sich bei der Bundesbahn aus dem durch das verbesserte Verkehrsangebot entstandenen zusätzlichen Verkehr.

---

[1] Vgl. DB-Bericht zu den Trassenvarianten der Neubaustrecke, Streckenabschnitt Rethen (Leine) - Kassel.

Die Mehreinnahmen setzen sich aus zwei Komponenten zusammen:

- den Einnahmen aus den Fahrkarten und
- Einnahmen durch Zuschläge.

Zur Quantifizierung der Mehreinnahmen müssen neben den bereits bekannten Werten des Verkehrsaufkommens aus bzw. in die Untersuchungsregion die jährlich geleisteten Personenkilometer bekannt sein. Hierzu sind insbesondere die Kilometer und die zugehörigen Beförderungsgebühren von Bedeutung.

Auf der Grundlage vorhandener Verkehrszählungen in den beiden Klassen der Bundesbahn wurden die Tarife im Verhältnis 1. Klasse 20,4% zu 2. Klasse 79,6% gemittelt. In Preisen von 1973 ergaben sich die folgenden mittleren Beförderungspreise. Für eine Reiseweite von 61 bis 80 Kilometern zum Beispiel ergibt sich ein Fahrpreis von 10,20 DM; für Reiseweiten zwischen 241 und 260 Kilometern muß je Fahrt 29,65 DM aufgewandt werden.

Das Produkt aus Verkehrsaufkommen auf den Relationen, Tarifkilometern und dem gemittelten Beförderungstarif ergibt die Mehreinnahmen durch die Varianten der Neubaustrecke zwischen Hannover und Kassel (siehe Tabelle 4 - 2) aus Fahrkarten.

Tabelle 4 - 2: Die jährlichen Mehreinnahmen nach Teilräumen der Untersuchungsregion in Millionen DM

	Variante H 2		Variante G 2	
	Zentrumsverkehr	Fernverkehr	Zentrumsverkehr	Fernverkehr
Braunschweig	0,200	1,500	0,200	1,300
Hildesheim - Hameln	0,900	2,200	0,800	1,700
Holzminden Höxter	4,900	10,500	-	-
Harz - Leinetal	-	-	0,900	2,900
Göttingen	-	-	7,900	14,300
insgesamt	6,000	13,900	9,800	20,200

Die regionale Gliederung der Einnahmen stellt klar die Bedeutung des Raumes Göttingen im Zentrumsverkehr heraus. Allein auf der Relation Kassel - Göttingen werden 4,5 Millionen DM Mehreinnahmen jährlich zu erwarten sein. Im Regionalverkehr der Untersuchungsregion hingegen sind die Mehreinnahmen mit 0,8 Mio. DM durch die Variante H 2 und 1,1 Mio. DM durch G 2 gering.

Die Anbindung Göttingens an den Inter-City-Verkehr erzeugt im Falle der Variante G 2 zusätzliche Einnahmen gegenüber einer Variante 0 durch die Inter-City-Zuschläge. Bei der Variante H 2 fallen sie nicht an, da in Holzminden voraussichtlich keine Inter-City-Züge halten werden. Die Annahme, daß dieses Zugsystem nur im Fernverkehr benutzt wird, ergibt bei einem Zuschlag von 10 DM und einem Anteil von 12,0% Reisenden, die dieses System benutzen, eine jährliche Mehreinnahme von 0,600 Mio. DM. Insgesamt ruft eine Trassenführung über Göttingen 11,0 Mio. DM zusätzliche Einnahmen gegenüber derjenigen über Holzminden hervor.

Tabelle 4 - 3: Die jährlichen Mehreinnahmen und der Gegenwartswert der Differenz zwischen H 2 und G 2 in Mio. DM

	Variante H 2	Variante G 2
jährliche Mehreinnahmen	20,7	31,7
Differenz G 2 - H 2	-	11,0
Gegenwartswert 3,5%	-	222,8
der Differenz 8 %	-	63,7

Durch die kapitalisierten Mehreinnahmen nach 1985 und ihre Diskontierung auf den Zeitpunkt 1975 ergibt sich ein Vorteil für die Variante Göttingen von 63,7 Mio. DM bzw. 222,8 Mio. DM.

4.5 KOSTEN-ERTRAGS-GEGENÜBERSTELLUNG

Die Gegenüberstellung der ermittelten kapitalisierten Kosten- und Ertragsdifferenzen führt zu folgendem Ergebnis:

Tabelle 4 - 4: Gegenwartswert der privatwirtschaftlichen Kosten- und Ertragsdifferenzen der Alternativen (G 2 ./. H 2) in Mio. DM 1975 [1]

	Kosten-diff.	Ertrags-diff.	Ergebnis-diff.
a) Diskontierungsrate 3,5%	649,4	222,8	- 426,6
b) Diskontierungsrate 8 %	415,3	63,7	- 351,6

Quelle: Eigene Berechnungen

Faßt man die Investitionskosten, die nicht von der Bahn als Betrieb zu tragen sind, als Zuschüsse Dritter auf, so sind weder sie noch ihre Verzin-

---

[1] Negative Zahlen bedeuten, daß die Göttinger Trasse (G 2) niedrigere Zahlen aufweist als die Holzminden-Trasse (H 2).

sung in der betriebswirtschaftlichen Betrachtung einzusetzen.

Die Ergebnisdifferenz beider Trassenalternativen verschwindet dann nahezu vollständig:

Tabelle 4 - 5: Gegenwartswert der Ergebnisdifferenz der Alternativen (G 2 - H 2) aus der Sicht der Bundesbahn mit bzw. ohne Investitionskosten (Mio. DM 1975)

	Ergebnisdifferenz G 2 ./. H 2	
	mit	ohne
	Berücksichtigung der Investitionskosten	
Diskontierungsrate 3,5%	+ 426,6	+ 14,2
Diskontierungsrate 8% p.a.	+ 351,6	+ 4,0

Quelle: Eigene Berechnungen

Aus der Sicht der Bundesbahn sind bei dieser Betrachtungsweise beide Trassen gleichwertig.

5. Volkswirtschaftliche Nutzen und Kosten

Der volkswirtschaftliche Nutzen-Kosten-Vergleich bezieht die betriebswirtschaftlich wirksamen Effekte der Investition ein, soweit sie bei volkswirtschaftlicher Betrachtungsweise nicht kompensiert werden (z.B. Fahrgeldeinnahmen, denen gleich hohe Ausgaben der Verkehrsnutzer gegenüberstehen). Darüberhinaus werden jedoch auch solche Effekte in das Kalkül einbezogen, die sich nicht im Betriebsergebnis der Bundesbahn ausdrükken, sondern Dritten zugutekommen (Nutzen) bzw. Dritte belasten (Kosten). Diese "externen Effekte" sind zum Teil nicht unmittelbar mit Marktpreisen ausgestattet. Eine monetäre Bewertung muß sich dann auf Hilfsgrößen stützen. Hierbei spielt die Methodik der Alternativkostenrechnung eine wesentliche Rolle. Sie wird bei der Bewertung der Umwelteffekte angewandt. Es werden dabei die Kosten im Ansatz gebracht, die aufgewandt werden müssen, um beispielsweise überhöhte Lärmbelästigungen zu vermeiden. Bei anderen Effekten ist eine Monetarisierung nur schwer möglich. Sie werden durch Punkte bewertet.

5.1 KOSTEN

5.1.1 Investitions- und Betriebskosten

Der unter Kap. 4.3 dargestellte Kostenvergleich kann unverändert in die gesamtwirtschaftliche Bewertung übernommen werden. Denn auch gesamtwirtschaftlich stellen die Investitions- und Betriebskosten Werteverzehre dar.

5.1.2 Beeinträchtigung der Umwelt

Nach dem Alternativkostenansatz sind gesamtwirtschaftlich Kosten zur Vermeidung möglicher Umweltbeeinträchtigungen der Trassen zu berücksichtigen. Hierbei stehen zwei Aspekte im Vordergrund: Lärmimmissionen der schnell fahrenden Züge und die Trennwirkung der Bahntrasse.

5.1.2.1 Lärmimmissionen

Nach der DIN 18005 (Schallschutz im Städtebau) und einschlägigen Untersuchungen muß mit folgenden Lärmimmissionen in 25 m Abstand von der Bahntrasse gerechnet werden [1]:

- Heutiger Fernverkehr   ca. 75 dB(A)
- Künftiger Fernverkehr
  160 km/h Geschwindigkeit   ca. 76 dB(A)
  200 km/h Geschwindigkeit   ca. 78 dB(A) [2]

Bei einer Verdoppelung der Zugfrequenzen erhöhen sich diese Werte um weitere 3 dB(A).

Demgegenüber sollen nach der DIN 18005 folgende Planungsrichtpegel in Baugebieten bei Tag nicht überschritten werden:

- Allgemeines Wohngebiet   55 - 65 dB(A)
- Gewerbegebiet   65 - 75 dB(A)

---

[1] In Auswertung der Betriebsprogramme der Deutschen Bundesbahn wird von durchschnittlich 5 schnellfahrenden Zügen je Richtung und Tagesstunde auf der Neubaustrecke ausgegangen.

[2] Die Deutsche Bundesbahn rechnet in ihrem Erläuterungsbericht zur Planung der Neubaustrecke Rethen - Kassel sogar mit 85 ± 4 dB(A). Es findet sich dort jedoch keine Angabe über die zugehörige Zugfrequenz.

Für Freiräume, z.B. Landschaftsschutzgebiete, gibt es solche Richtpegel noch nicht. Es kann aber davon ausgegangen werden, daß mit Rücksicht auf die Erholungsfunktion dieser Gebiete auch dort keine höheren Werte als in Baugebieten zugelassen werden sollten.

Die Lärmimmissionen aus der Neubaustrecke werden also beträchtlich über den zulässigen Werten liegen. Durch freie Schallausbreitung reduziert sich zwar der Lärmpegel. Um jedoch eine Reduktion von z.B. 15 dB(A) zu erreichen, würde die freie Landschaft in 800 m Breite zu beiden Seiten der Trasse beansprucht werden. Dies erscheint - von Ausnahmen abgesehen - weder bei der Leinetaltrasse noch bei der Streckenführung durch das Wesertal akzeptabel.

Es wird deshalb davon ausgegangen, daß direkt neben der Schnellbahntrasse, z.B. durch spezielle Schutzzäune, eine Schalldämmung vorgenommen werden muß und daß dadurch die Lärmimmissionen in den angrenzenden Räumen auf zulässige Maße reduziert werden können.

Unterschiede zwischen den beiden Trassenvarianten H 2 und G 2 entstehen dann in erster Linie bei den Kosten dieser Schallschutzmaßnahmen[1]. Da bisher keine Detailplanungen und Kostenermittlungen hierzu vorliegen, werden die Mehrkosten bei der Variante G 2 durch größere Streckenlänge überschläglich folgendermaßen abgeschätzt:

- Kosten der Schutzmaßnahmen je Meter Trasse geschätzt ca. 300,-- DM
- Längendifferenz der Trassen G 2 und H 2 (Tunnelstrecken wurden in beiden Fällen nicht berücksichtigt) ca. 2,0 km
- Kostendifferenz ca. 0,6 Mio. DM

Der Gegenwartswert dieser Mehrkosten für die Variante G 2 beträgt rd. 0,3 Mio. DM (Abzinsung mit 8% p.a.) bzw. 0,4 Mio. DM (3,5%)

---

[1] Kleinere Unterschiede ergeben sich außerdem dadurch, daß auf den vorhandenen Strecken unterschiedliche Betriebsprogramme abgewickelt werden. Die Gesamtzahlen der Züge/Tag weichen zwar wenig voneinander ab, die Zuggattungen unterscheiden sich aber. Für genauere Ermittlungen müßte bekannt sein, wie die Züge über die Tages- und Nachtstunden verteilt und mit welchen Geschwindigkeiten sie künftig gefahren werden. Im Rahmen dieser Untersuchung kann nur festgestellt werden, daß nach Angaben der Deutschen Bundesbahn bei beiden Varianten die Zahl der Züge/Tag künftig geringer sein wird als 1971/72.

5.1.2.2 Trennwirkung der Bahntrasse

Die Trennwirkung, die durch die Trasse der Neubaustrecke - soweit sie nicht im Tunnel geführt wird - entsteht, hängt von mehreren Komponenten ab:

- Höhenlage der Trasse im Vergleich zum angrenzenden Gelände und Ausführung des Bahnkörpers
- Nutzung des angrenzenden Geländes
- Intensität der Beziehungen zwischen den getrennten Flächen.

Die voraussichtliche Höhenlage der Trassenvarianten sowie die geplante Ausführungsart (Dämme, Brücken, Tunnel) können den vorliegenden Grundrißplänen und Schnitten der Deutschen Bundesbahn (Vortrassierung 1:25.000) entnommen werden. Ganz generell fällt bei der Betrachtung der Schnitte auf, daß beide Varianten auf beträchtlicher Länge Dämme von 5 - 10 m Höhe aufweisen. Sie sind i. a. wegen der vielen kreuzenden Verkehrswege und der geringen Anpassungsfähigkeit der Schnellbahntrasse an die Topografie erforderlich. Mit einer optischen Barrierenwirkung muß deshalb bei beiden Varianten - vor allem im flachen Gelände - gerechnet werden.

Die Nutzung der an die Trasse angrenzenden Geländeflächen wurde den Raumordnungsprogrammen entnommen, um auch die künftigen Nutzungen zu berücksichtigen. Dabei mußte in Kauf genommen werden, daß nur nach Grobkategorien der Nutzung unterschieden werden konnte (vgl. Tab. 5 - 1).

Tabelle 5 - 1: Flächennutzung entlang der Trassenvarianten zwischen Rethen und Heckershausen nach Streckenkilometern [1]

	Variante	
	H 2	G 2
Erholungsgebiete [2]	27,3	18,5
Zusätzliche Landschafts-/ Naturschutzgebiete	20,7	12,5
Räume für Siedlungsentwicklung (Arbeits- und Wohnstätten)	-	8,3
Sonstige Räume	52,9	63,4
zusammen	100,9	102,7

Bei der Trasse H 2 dominieren mit rd. 48% die Erholungs-, Landschafts- und Naturschutzgebiete, von denen ein großer Teil zum Solling gehört. Bei

---

[1] ohne Tunnel (H 2 9,5 km, G 2 26,2 km)
[2] z.T. als Landschafts-/Naturschutzgebiete

der Trasse G 2 haben diese Gebiete mit rd. 30% ebenfalls einen hohen Anteil; sie konzentrieren sich dort auf den Abschnitt Kassel - Göttingen. Die Differenz der Längen zwischen beiden Varianten beträgt bei diesen Nutzungen 17 km.

Im Schwerpunkt Göttingen werden bei der Trasse G 2 auf rd. 8 km Länge Flächen durchfahren, die Arbeits- und Wohnstätten gewidmet sind. In diesem Bereich liegt die Neubaustrecke jedoch unmittelbar neben der vorhandenen Bahnstrecke, die heute bereits den Siedlungsraum zerteilt [1].

Der größere Teil beider Varianten verläuft durch "sonstige Räume". Diese Räume sind überwiegend land- oder forstwirtschaftlich genutzt. Hier wird die Trennwirkung der Bahntrasse dadurch weitgehend aufgehoben werden können, daß eine ausreichende Zahl von Unterführungen bzw. Brücken vorgesehen wird, wie das z.B. bei Autobahnen geschieht. Gelegentlich berühren die Trassenvarianten auch Baugebiete einzelner Gemeinden. Die Feinplanung der Trassenführung steht aber noch aus, so daß über diese evtl. kritischen Punkte z.Z. nichts Definitives berichtet werden kann.

Die unterschiedliche Länge der beiden Trassenvarianten kommt beim Vergleich der Flächennutzungen (Tab. 5 - 1) praktisch nicht zum Ausdruck, weil bei der Trasse G 2 16,7 km mehr Tunnel eingeplant sind als bei der Trasse H 2. Die Längendifferenz erscheint statt dessen bei den höheren Investitionskosten der Variante G 2.

Die Intensität der Beziehungen zwischen den durch die Trasse getrennten Flächen ist i.a. umso größer, je höher die Besiedlungsdichte der Flächen ist. Greift man die Schwerpunkträume als Räume überdurchschnittlicher Dichte heraus, so ist die Trennwirkung bei Variante H 2 wesentlich geringer als bei Variante G 2 (Tab. 5 - 2).

Tabelle 5 - 2: Durchfahrene Schwerpunkträume zwischen Rethen und Heckershausen

Variante	Schwerpunktraum	Trassenlänge +
H 2	Sarstedt	rd. 7 km
	Holzminden	rd. 7 km
	insgesamt	rd. 14 km
G 2	Sarstedt - Hildesheim	rd. 19 km
	Northeim - Göttingen	rd. 30 km
	Münden (niedersächs. Teil)	rd. 2 km
	insgesamt	rd. 51 km

+ ohne Tunnel

---

[1] Die Planungen der Stadt Göttingen sehen im jetzigen Bahnhofsbereich einen Verknüpfungspunkt zwischen Straße und Schiene vor.

Für eine vergleichende Beurteilung der Varianten sind vor allem die Wirkungen in Erholungs-, Landschaftsschutz- und Naturschutzgebieten (17 km Mehrlänge bei Variante H 2) gegen solche in den Schwerpunkträumen (37 km Mehrlänge bei Variante G 2) abzuwägen. Auf eine Gewichtung der beiden Gebietskategorien gegeneinander wird jedoch verzichtet.

5.2 NUTZEN

Relevante Nutzenkategorien sind

- der Zeitvorteil für den Altverkehr (Verkehr, der auch im Falle der theoretischen Alternative 0 stattgefunden hätte, jedoch mit abweichenden Reisezeiten);

- Vorteile der beiden Trassen, die sich aus verbesserten Reisemöglichkeiten ergeben und durch zusätzliche Verkehrsmengen (Neuverkehr) ausdrücken.

5.2.1 Nutzen der Fahrzeitersparnis

Die Fahrzeitveränderungen des Altverkehrs sind in Kapitel 3.3.5 dargestellt worden. In der gesamtwirtschaftlichen Nutzen-Kosten-Analyse sind diese Veränderungen zu bewerten. Wie die Wahl des Kalkulationszinsfußes ist auch der Bewertungsansatz für Reisezeitersparnisse in der theoretischen Diskussion umstritten. Während bei erwerbsbedingten Fahrten betriebswirtschaftliche Bewertungsindikatoren ermittelt werden können (Stundenverdienste, Einkommensausfälle entsprechend festgestellter Produktivitäten), ergeben sich Probleme vor allem im übrigen Personenverkehr.

Unbestritten ist, daß auch Zeitersparnisse oder -verluste, die sich nicht in Veränderungen des Sozialprodukts auswirken, bei der Projektbewertung berücksichtigt werden müssen, da auch Zeitverluste im Freizeitverkehr oder im Berufspendlerverkehr Wohlstandsminderungen bedeuten [1].

---

[1] Vgl. dazu u. a. Platz, H., Ökonomische Perspektiven einer Überbrückung des Fehmarn-Belt, Göttingen 1969;
Jürgensen, H., Aldrup, D., Voigt, H.-G., Der Zeitnutzen im Straßenverkehr, Hamburg, März 1963;
Beesley, M.E., The value of time spent travelling. Some new evidence, in: Economica, Vol. 32, May, 1965;
Harrison, A.M., Quarmby, D.A., The value of time in transport planning: a review, in: Theoretical and Practical Research on an Estimation of Time-Saving, Europäische Verkehrsministerkonferenz, Paris 1969

Ungeklärt ist jedoch, ob und welche Differenzierung in der Zeitbewertung verschiedener Verkehrsarten notwendig ist. Aufgrund von Reisezeitvergleichen von Bahn und Pkw, Reisekostenvergleichen beider Verkehrsmittel und Analysen des tatsächlichen modal split wurde in Großbritannien ermittelt, daß die Zeitbewertung der Konsumenten im Freizeitverkehr bzw. Berufsverkehr mit etwa 25% des Stundenlohnes anzusetzen ist [1]. Nachdem diese Bewertung auf Kritik gestoßen war, wurden zusätzliche Alternativberechnungen mit Abweichungen von 50% vom Ausgangswert nach oben und unten durchgeführt [2].

Tatsächlich wird die Diskussion über die Zeitbewertung stark durch die Ergebnisse einzelner Projektbewertungen geprägt. Straßenverkehrsprojekte führen sehr häufig bei der Zeitbewertung mit Stundenlöhnen zu Nutzen in Größenordnungen, die die Kosten um ein Mehrfaches übertreffen. Die Kritik an diesen "unrealistischen" Ergebnissen veranlaßt dann dazu, die Zeitersparnisse mit geringeren Werten als durchschnittlichen Stundenlöhnnen zu bewerten [3].

In Anlehnung an die Korridoruntersuchungen des Bundesverkehrsministeriums [4] wird hier die Fahrgaststunde einheitlich mit DM 5,70 bewertet. Eine Differenzierung nach Verkehrsarten erfolgt nicht. Das Ergebnis der Bewertung zeigt Tabelle 5 - 3.

Tabelle 5 - 3: Bilanz der bewerteten Zeitgewinne und -verluste.

Verkehrsart			
FAHRZEITEN (Std./Jahr)			
Fernverkehr (F)	+ 509.000	+ 726.800	
Zentrumsverkehr (Z)	+ 98.100	+ 221.500	
Regionalverkehr (R)	+ 38.300	+ 55.200	
Summe F + Z + R	+ 645.400	+ 1.003.500	+ 358.100
Durchgangsverkehr	- 81.900	+ 308.900	+ 390.800
insgesamt	+ 563.500	+ 1.312.400	+ 748.900
BEWERTETE FAHRZEITEN (DM/Jahr)			
Summe F + Z + R	+ 3,68 Mio.	+ 5,72 Mio.	+ 2,04 Mio.
Durchgangsverkehr	- 0,47 Mio.	+ 1,76 Mio.	+ 2,23 Mio.
insgesamt	+ 3,21 Mio.	+ 7,48 Mio.	+ 4,27 Mio.

[1] Vgl. Flowerdew, A.D.J., Choosing a Site for the Third London Airport: the Roskill Commission's Approach, in: Richard Layard (Ed.), Cost-Forts. s.n.S.

Zum Vergleich dieser Wirkung mit anderen ist die Berechnung der Gegenwartswerte der kapitalisierten Gewinne bzw. Verluste durch Diskontierung auf 1975 notwendig (s. Tab. 5 - 4).

Tabelle 5 - 4: Gegenwartswert der Reisezeitveränderungen 1975 in Mio. DM [a]

Diskontierungs-rate Trasse	3,5%		8%	
Verkehrsart	H 2	G 2	H 2	G 2
F + Z + R -Verkehr	+ 74,5	+ 115,9	+ 21,3	+ 33,1
Durchgangsverkehr	- 9,5	+ 35,6	- 2,7	+ 10,2
Gesamtverkehr	+ 65,0	+ 151,5	+ 18,6	+ 43,3

Quelle: Eigene Berechnungen

a) Positive Werte: Zeitersparnisse gegenüber der theoretischen Trasse 0
Negative Werte: Zeitverluste gegenüber der theoretischen Trasse 0

Der Gesamtvorteil der Göttinger Trasse gegenüber der Trasse über Holzminden beträgt 86,5 Mio. DM (Kapitalisierung mit 3,5% p.a.) bzw. 24,7 Mio. DM (8%).

5.2.2 Nutzen der induzierten Aktivitäten

Die neue Bundesbahnstrecke schafft für Einwohner und Betriebe in ihrem Einflußbereich die Möglichkeit verstärkter Kommunikation. Dies drückt sich verkehrlich in der Erzeugung zusätzlicher Verkehrsmengen aus (vgl. Kapitel 3). Der Mehrverkehr als solcher stellt keinen volkswirtschaftlichen Nutzen dar. Er repräsentiert ihn jedoch

- als Abbild verstärkter Wirtschaftsaktivitäten, die als Beitrag zum Bruttoinlandsprodukt zu messen sind

---

Forts. v. v. S. Fußn. [1]
Benefit Analysis, Middlesex, 1972, S. 431 ff.
[2] Vgl. ebenda, S. 25
[3] Vgl. dazu Gillhespy, N.R., The Tay Road Bridge: A case Study, in: Scottish Journal of Political Economy, Vol. XV/2, Glasgow, 1968, S. 172
[4] Bundesverkehrsministerium, Untersuchung über Verkehrswegeinvestitionen in ausgewählten Korridoren der BRD, Bonn, 1972

- als Abbild erhöhter Freizeitwerte (verbesserte Mobilitätsbedingungen).

Bei nicht-monetärer Bewertung kann daher der Mehrverkehr als Nutzenindikator interpretiert werden.

Für die monetäre Bewertung bieten sich zwei Wege an:

a) Bewertung auf der Basis der Fahrgeldausgaben. Es kann davon ausgegangen werden, daß die zusätzlichen Fahrten nur dann unternommen werden, wenn sich die Reisenden davon einen (wirtschaftlichen oder nicht wirtschaftlichen) Nutzen versprechen, der mindestens die Höhe der Fahrtkosten erreicht. Die Fahrgeldausgaben stellen somit den unteren Grenzwert für die Schätzung des Nutzens dar (willingness-to-pay-Methode). Dieser Bewertungsansatz berücksichtigt nicht, daß für zahlreiche Reisende der Nutzen über den Fahrgeldausgaben liegt, daß diese Reisenden also eine "Konsumentenrente" abschöpfen.

b) Bewertung durch das induzierte Wirtschaftswachstum. Hierbei muß der Versuch unternommen werden, die hinter dem Mehrverkehr stehenden Erhöhungen der Wirtschaftsaktivität zu erfassen. Da dies nicht durch eine Einzelverfolgung der verschiedenen Aktivitätsbereiche geschehen kann, bietet sich als Lösung nur eine pauschale Umrechnung von Mehrverkehr in erhöhte Wertschöpfung an. Dieser Ansatz berücksichtigt theoretisch im Gegensatz zu a) die "Konsumentenrente" (bzw. in diesem Falle die Produzentenrente), er vernachlässigt jedoch die Nutzen verstärkter Kommunikationsmöglichkeiten im Freizeitverkehr.

5.2.2.1 Bewertung nach der willingness-to-pay-Methode

Die Bewertungsgrundlagen liegen aus Kapitel 4.4 (Fahrgeldeinnahmen der Bundesbahn) vor. Kapitalisiert und auf das 1975 diskontiert, ergeben sich für die Trasse über Göttingen gegenüber Holzminden folgende Fahrgeldmehrausgaben (= Mindestnutzen):

Diskontierungsrate 3,5%: 222,8 Mio. DM

Diskontierungsrate 8,0%: 63,7 Mio. DM

5.2.2.2 Bewertung nach der Veränderung des Bruttoinlandsproduktes

Aus der regionalspezifischen Querschnittsanalyse kann ein Zusammenhang zwischen dem regionalen Wirtschaftswachstum (gemessen am Bruttoinlandsprodukt je Einwohner) und der Verkehrsgunst abgelesen werden. In Abbildung 5 - 1 wird gezeigt, daß sich dieser Zusammenhang durch eine lineare Funktion annähern läßt.

Die Beziehung zwischen Wirtschaftswachstum und Verkehrsgunst hat dabei, wie in Kapitel 2.4.3 bereits festgestellt, zwei Aspekte:

- Eine hohe Verkehrsgunst schafft (zusammen mit anderen Faktoren) günstige Voraussetzungen für das regionale Wirtschaftswachstum;

- Regionen mit hohem Wachstumspotential sind zumeist zugleich Regionen mit bereits hohem Entwicklungsniveau (Bruttoinlandsprodukt je Einwohner). Sie weisen daher ein hohes Verkehrsaufkommen auf und lenken daher verstärkt Verkehrsinvestitionen auf sich. Dadurch erhöht sich ihre Verkehrsgunst. Verkehrsgunst ist dann nicht Einflußgröße für das Wirtschaftswachstum, sondern abhängige Variable.

Welcher beider Aspekte vorrangige Bedeutung hat, hängt davon ab, inwieweit die Verkehrsinfrastruktur Engpaßfaktor für die Regionalentwicklung ist. Die theoretische Grundsatzdiskussion dieser Frage ist nicht abgeschlossen.

Die relativ ungünstige verkehrliche Erschließung der Untersuchungsregion spricht dafür, daß die Verkehrsgunst hier durchaus Engpaßfaktor für die Wirtschaftsentwicklung sein kann. Trotz aller bestehenden Vorbehalte wird daher eine Schätzung des wirtschaftlichen Impulses der Neubautrassen versucht.

Grundlage dieser Schätzung ist die Veränderung der Verkehrsgunst. Orientiert man sich an der Nachfragesteigerung, so verändert sich der Wert der Verkehrsgunst [1] in Göttingen von 0,704 auf 0,981 und im Einflußraum Holzminden-Höxter von 0,087 auf 0,228. Bezogen auf das Ausgangsjahr ergibt sich die Veränderung des Bruttoinlandsproduktes je Kopf der Wohnbevölkerung innerhalb von 10 Jahren in Göttingen mit 26,31% und in Holzminden mit 12,64%.

Setzt man voraus, daß nur der Beitrag der verkehrsabhängigen Arbeitsplätze zum Bruttoinlandsprodukt beeinflußt wird [2], so ergibt sich bezogen auf das Ausgangsjahr eine jährliche Steigerung in Göttingen um 2,0 Punkte und in Holzminden - Höxter um 0,7 Punkte. Unter diesen Annahmen kann die durch die Verbesserung schienengebundenen Personenverkehrs induzierte Änderung der Wachstumsrate als Maß zur Abschätzung des regionalwirtschaftlichen Impulses der Varianten herangezogen werden.

---

[1] Die Verkehrsgunst ist als Potential berechnet worden. Sie mißt die Anbindung der Mittelbereiche an die Zentren Hannover und Kassel. Je näher der Wert an 1,0 liegt, desto besser wird die Verkehrsgunst bewertet. Vergleiche auch Kapitel 3.1
[2] Zur Definition vgl. unten

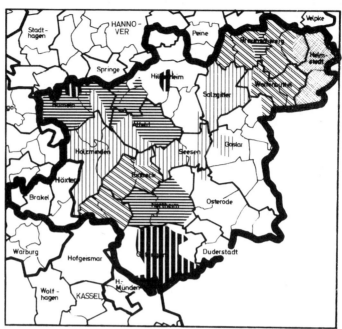

VERKEHRSGUNST IN DER REGION IM NORD-SÜD-VERKEHR AUF DER SCHIENE 1972

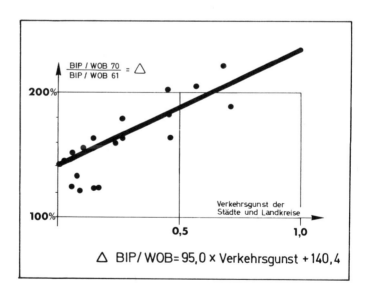

Abb. 5-1: Die durchschnittliche Veränderung des Bruttoinlandproduktes in Abhängigkeit von der Verkehrsgunst

5.3 NUTZEN-KOSTEN-BILANZ

Die Gegenüberstellung der ermittelten gesamtwirtschaftlichen Nutzen und Kosten führt zu folgendem Ergebnis:

Tabelle 5 - 5: Gegenwartswert der gesamtwirtschaftlichen Kosten- und Ertragsdifferenzen der Trassen-Alternativen Göttingen bzw. Holzminden in Mio. DM 1975

	Diskontierungsrate 3,5% p.a.	Diskontierungsrate 8,0% p.a.
Investitions- und Betriebskosten	+ 649,4	+ 415,3
Schallemission a)	+ 0,4	+ 0,3
Trennwirkung der Trasse	- b)	- b)
Kosten insgesamt	+ 649,8	+ 415,6
Zeitersparnisse im Altverkehr	+ 86,5	+ 24,7
Zusätzliche Entwicklungsimpulse c)	+ 222,8	+ 63,7
Nutzen insgesamt	+ 309,3	+ 88,4
Nutzen ./. Kosten	- 340,5	- 327,2

a) Bewertung mit Vermeidungskosten
b) keine monetäre Bewertung
c) bewertet nach der willingness-to-pay-Methode

Trotz höherer Nutzen der Göttinger Trasse ergibt sich in der gesamtwirtschaftlichen Bewertung ein Vorteil für die Trasse über Holzminden. Dieses Ergebnis kann sich verändern, wenn durch regionalspezifische Gewichtungen die raumordnungspolitische Begünstigung einzelner Teilräume berücksichtigt wird. Dieser Frage wird im folgenden Abschnitt nachgegangen.

Die Übersicht zeigt, daß sich die Wahl des Kalkulationszinsfußes zwar auf die Höhe einzelner Nutzen- und Kostenpositionen stark auswirkt. Nicht zuletzt aufgrund des sehr ähnlichen Zeitverlaufs der Kosten- und Nutzenanfalls beider Alternativen ist jedoch die Abweichung in der Nutzen-Kosten-Differenz gering.

Eine Verdoppelung des Ansatzes für den Zeitwert 5,70/Stunde auf 11,40 DM verändert das Bewertungsergebnis wie folgt:

Tabelle 5 - 6: Der Einfluß der Zeitbewertung auf den gesamtwirtschaftlichen Trassenvergleich

Nutzen-Kosten-Saldo (Kapitalwert in Mio. DM 1970) G 2 ./. H 2	Zeitwert in DM Stunde		
	2,85	5,70	11,40
Diskontierung mit 3,5%	-383,8	-340,5	-254,0
Diskontierung mit 8%	-339,6	-327,2	-302,5

Quelle: Eigene Berechnungen

Da die Trasse Göttingen per Saldo für die Reisenden einen Zeitvorteil gegenüber der Trasse Holzminden bietet, ist ihre Bewertung umso günstiger, je höher der Zeitwert angesetzt wird. Dennoch vermag die Variation des Zeitwertes in realistischen Grenzen das Ergebnis der Gesamtbewertung nicht wesentlich zu verschieben. In jedem Falle führt die gesamtwirtschaftliche Bewertung zu einer Bevorzugung der Trasse über Holzminden.

Aus zwei Gründen erscheint es nicht sinnvoll, aus der obigen gesamtwirtschaftlichen Nutzen-Kosten-Gegenüberstellung bereits eine Entscheidung über die Trassenwahl abzuleiten:

(1) Die Nutzenbewertung des Neuverkehrs nach der willingness-to-pay-Methode legt lediglich einen Mindestnutzen fest, der zudem noch statischer Natur ist. Es ist nicht anzunehmen, daß mit diesem Bewertungsansatz die Gesamtheit der induzierten regionalen Entwicklungsimpulse ausreichend erfaßt ist. Bereits bei statischer Betrachtungsweise unterblieb die Berücksichtigung der Konsumenten- bzw. Produzentenrente (Nutzen, die über den Mindestansatz nach der willingness-to-pay-Methode hinausgehen). Bei dynamischer Betrachtung (die notwendig ist) werden die mittelbaren Entwicklungsimpulse unzureichend erfaßt.

(2) Die Nutzen-Kosten-Gegenüberstellung abstrahiert von der räumlichen Dimension der Wirkungen. Regionalwirtschaftlich wird sich in jedem Falle eine abweichende Bilanz ergeben, weil sich die Nutzen in stärkerem Maße in der Region niederschlagen (was die Göttinger Trasse begünstigt) als die Kosten (insbesondere die Investitionskosten, die die gesamtwirtschaftliche Bevorzugung der Holzmindener Trasse bewirken).

Die Bewertung aus regionalwirtschaftlicher Sicht ist infolgedessen nicht deckungsgleich mit derjenigen aus gesamtwirtschaftlicher Sicht. Diese Abweichung wird weiter verstärkt, wenn eine Gewichtung der räumlichen Nutzen- und Kostenwirkungen nach raumordnungspolitischen Prioritäten eingeführt wird.

6. Raumordnungspolitische Beurteilung

6.1 GRUNDLAGEN DER WIRKUNGSANALYSE

6.1.1 Abgrenzung der Einflußräume

Das tatsächliche Verkehrsaufkommen, sowie die direkt daraus folgenden Ergebnisse der Verkehrseinnahmen und die Zeitgewinne bzw. -verluste, stellen die direkt meßbaren Vor- bzw. Nachteile der Varianten dar. Eine weitere Frage muß jedoch sein, auf welche Räume die Veränderung der Verkehrsgunst trifft und welche Struktur der Bevölkerung und der Wirtschaft diese Räume aufweisen. Außerdem bietet die Klassifizierung der Räume die Ausgangsbasis für die anschließende Diskussion der Unterstützung raumordnerischer Zielsetzungen durch die Varianten. Die Verkehrsgunst wird am besten durch die Veränderung der Verkehrsnachfrage charakterisiert.

Die Aufgabenstellung, alternative Trassenführungen zu vergleichen, läßt es sinnvoll erscheinen, innerhalb der Region diejenigen Räume zu untersuchen, in denen sich die Wirkungen der Varianten der Neubaustrecken deutlich unterscheiden. Als Auswahlkriterium wurde die Differenz der Mehrpotentiale zwischen den Varianten, relativiert auf die Basispotentiale benutzt. Beachtet man nur diejenigen Gebiete, in denen die Veränderung der Nachfrage mehr als 10,0% beträgt, so kristallisieren sich zwei Einflußräume heraus. Durch die Variante G 2 wird der Einflußraum Harz und Leinetal mit den Landkreisen: Goslar, Blankenburg, Northeim, Zellerfeld, Gandersheim, Osterode, Einbeck, Alfeld, Göttingen und der kreisfreien Stadt Goslar verkehrlich bevorzugt (siehe Abb. 6 - 1).[1]

Gebiete, in denen die zusätzliche Nachfrage mehr als 25,0% beträgt, werden als Haupteinflußräume bezeichnet. Im Fall der Variante G 2 trifft dies auf den Nahbereich Göttingen, bei der Variante H 2 auf Holzminden, Höxter und Brakel zu. Dieser Haupteinflußraum wird durch Bad Driburg, das als einziges Gebiet noch eine Nachfragesteigerung von mehr als 10% aufweist, ergänzt.

Der Vergleich der Mehrpotentiale der Einflußräume (siehe Tab. 6 - 1) zeigt eine geringfügig höhere zusätzliche potentielle Nachfrage durch die Variante G 2.

Die gesamte Nachfrage auf den betroffenen Strecken verdeutlicht allerdings die unterschiedlichen Grundgesamtheiten in den jeweiligen Einflußräumen.

---

[1] Dargestellt sind die Nahbereiche. Wie bereits an anderer Stelle erwähnt, wurden aus datentechnischen Gründen die auftretenden Divergenzen zwischen Kreisen und Nahbereichen in Kauf genommen.

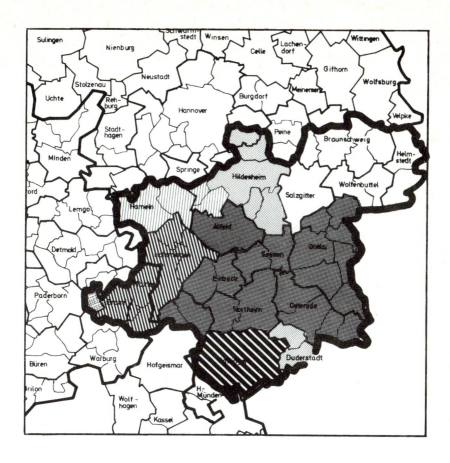

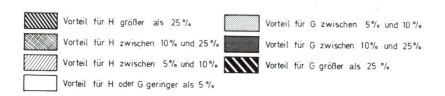

Vorteil für H größer als 25 %	Vorteil für G zwischen 5 % und 10 %
Vorteil für H zwischen 10 % und 25 %	Vorteil für G zwischen 10 % und 25 %
Vorteil für H zwischen 5 % und 10 %	Vorteil für G größer als 25 %
Vorteil für H oder G geringer als 5 %	

Abb. 6-1: Räumliche Differenzierung der Region nach dem Ausmaß der Nachfrageänderung zwischen den Varianten H und G (ausgedrückt durch die Differenz, bezogen auf die Basisnachfrage)

Tabelle 6 - 1: Die Nachfragepotentiale der relevanten Einflußräume in 1.000 Rückfahrten

Einflußräume	Basispotential	Mehrpotential	Gesamtpotential
Göttingen	385,2	152,0 (39,5%)	537,2
Harz u. Leinetal einschl. Göttingen	643,5	190,1 (29,5%)	833,6
Harz u. Leinetal ohne Göttingen	258,3	38,1 (14,8%)	296,4
Wesertal	168,6	183,6 (108,9%)	352,2

Quelle Eigene Berechnung

Um das Ausmaß der Wirkungen in die richtigen Dimensionen zu setzen, ist eine vergleichende Beurteilung der betroffenen Räume notwendig. Sie soll auf der Grundlage der Analyse der Bevölkerungs- und Wirtschaftsstruktur der Untersuchungsregion[1] Auskunft über den Entwicklungsstand und die Entwicklungskraft von Wirtschaft und Bevölkerung in den Einflußräumen geben.

Tabelle 6 - 2 beleuchtet für ausgewählte Strukturdaten die Situation 1970 in den Einflußräumen. Während die Einwohner und die Arbeitsplätze einen groben Überblick über den Entwicklungsstand geben, kennzeichnen die Veränderungen und das Bruttoinlandsprodukt die Entwicklungskraft der Räume.

Tabelle 6 - 2: Entwicklungsstand und -kraft der Einflußräume

	Göttingen	Harz u. Leinetal einschl. Göttingen	Wesertal
Entwicklungsstand			
Einwohner 1970 in 1.000	144,7	649,0	188,1
Arbeitsplätze 1970 in 1.000	60,5	246,9	56,6
Entwicklungskraft BIP/EW 1970 (DM)	10.623,0	8.553,0	8.029,0
Entwicklung zwischen 1961 und 1970 ausgedrückt in % von 1961			
Einwohner	100,4	94,8	94,9
Arbeitsplätze	111,7	103,3	100,7
BIP/EW	189,1	157,8	172,8

Quelle: Eigene Berechnungen

---
[1] Vgl. Kap. 3.5

Der Vergleich der Einflußräume offenbart gleiche Größenordnungen in den Einflußräumen Wesertal und Göttingen. Die Entwicklungskraft hingegen ist in Göttingen deutlich stärker als im Einflußraum Wesertal. Vergleicht man die Räume, in denen auf beiden Seiten mehr als 10% Nachfragesteigerung infolge der Varianten zu erwarten ist, so ergeben sich zwar enorme Größenunterschiede, jedoch geringe Entwicklungskraftdifferenzen. Hier zeichnet sich ab, daß auch zum Einflußraum Harz und Leinetal Gebiete gehören, deren Entwicklung weit unter dem Durchschnitt der Untersuchungsregion liegen.

6.1.2 Verkehrslage als Standortfaktor

Die Beurteilung des Einflusses der Verkehrsgunst einer Region auf ihre Attraktivität für Unternehmen der Industrie und des Dienstleistungsgewerbes setzt voraus, daß man deren Standortpräferenzen kennt. Hierbei können nicht allein verkehrliche Aspekte betrachtet werden, da eine Reaktion auf die Änderung der Verkehrsgunst nur in dem Maße zu erwarten ist, wie dieser Aspekt eine Rolle für das Unternehmen spielt. Diese Untersuchung muß sich auf die Beurteilung der Standortfaktoren von Branchen beschränken. Datenerhebungen für einzelne Betriebe in der Untersuchungsregion konnten nicht durchgeführt werden.

Es mußte daher weitgehend auf das vorliegende statistische Material und Angaben in der Literatur zurückgegriffen werden. Erwartungsgemäß weisen Betriebe der Industrie- und des Dienstleistungsbereiches unterschiedliche Verhaltensweisen bei ihrer Standortwahl auf. Die Präferenzen von Bürobetrieben werden vornehmlich durch das Image und die vorhandene Größe bzw. die Zentralität des gewünschten Standortes gekennzeichnet[1]. Da zum Image die Anbindung an das überregionale Verkehrsnetz wesentlich beiträgt, ist eine Konzentration der Arbeitsplätze des tertiären Sektors zu beobachten.

Auf die Frage nach einem möglichen Standort für den jeweiligen Betrieb, wenn er in den nächsten fünf Jahren verlagert werden müßte, erhielten München 35,2%, Berlin 17,3%, Hamburg 15,6%, die drei Metropolen zusammen 68,1% aller Nennungen.

Einen gewissen Überblick über den Einfluß einzelner Argumente auf die Standortentscheidung zeigten auch die Antworten einer Umfrage in der Londoner Innenstadt[2] auf die Frage nach dem Grund für die Wahl des derzeitigen Standorts. Wichtigster Anlaß war die Nähe zu den Kunden und die zentrale Lage. Mit Ausnahme der Gründe des traditionellen Standortes und

---

[1] Vgl. Monheim, H., Zur Attraktivität deutscher Städte, Berichte zur Regionalforschung, hrsg. v. Wirtschaftsgeographischem Institut München.
[2] J. Goddard, Multivariate Analysis of Office Location Patterns in the City Centre: A, London Example in: Regional Studies, Bd. 2, 1968, S. 69 ff.

der angemessenen Miete, stehen ausschließlich Überlegungen wie Nähe zu den Lieferanten, den Flughäfen, Autobahnen und Hauptbahnhöfen und allgemein gute Verkehrsverbindungen im Vordergrund. Die Verfügbarkeit von Arbeitskräften steht an der Zahl der Nennungen gemessen erst an 14. Stelle.

Im Bereich der Wirtschaftsabteilungen der Industrie spielen andere Faktoren wie Arbeitsmarkt, Qualität des Grundstückes, Wohnwert der Region und die Förderungsmöglichkeiten neben der Verkehrslage eine wichtige Rolle. Im Durchschnitt der Bundesrepublik Deutschland entfallen auf die Frage nach den ausschlaggebenden Standortfaktoren [1] nur 25% aller Antworten auf das Argument der günstigen Verkehrslage. Besonderen Wert legten das Papier- und Druckgewerbe mit 42,9%, das Nahrungs- und Genußmittelgewerbe mit 40,9%, die Chemieindustrie mit 38,1% und die holzverarbeitende Industrie mit 33,7% aller Nennungen auf eine gute Verkehrslage. Kreuzt man diese Ergebnisse mit denjenigen der Frage nach dem Güterverkehrsanschluß, so stellt sich heraus, daß hier vor allem diese Standorteigenschaften (z. B. Gleisanschluß) angesprochen wurden (siehe Tab. 6 - 3).

6.1.3 Verkehrsabhängigkeit der Arbeitsplätze in der Untersuchungsregion

Eine Analyse der Standorte der Arbeitsplätze und ihrer Lage im schienengebundenen Nord-Süd-Verkehr innerhalb der Untersuchungsregion ergab vergleichbare Ergebnisse. Die Rangkorrelationsanalyse erlaubte es, die Wirtschaftsabteilungen nach ihrer Konzentration in verkehrsgünstigen Lagen zu ordnen (siehe Abb. 6 - 2). Auch hier nehmen die Abteilungen des Dienstleistungsbereiches die ersten Plätze ein, während die Industrie kaum oder sogar entgegengesetzt reagiert. Die unterschiedliche Intensität der Konzentration der Arbeitsplätze kann an den beiden ersten Wirtschaftsabteilungen, Versicherungs- und Kreditgewerbe, dargestellt werden. Die Reihenfolge innerhalb des Dienstleistungsbereiches und die zugehörige Sicherheitswahrscheinlichkeit der Annahme der Verkehrsabhängigkeit ist in Tabelle 6 - 4 dargestellt.

Die Ergebnisse der Korrelationsanalyse offenbaren die Bedeutung der Anbindung an den schienengebundenen Verkehr in Nord-Süd-Richtung für die vorhandenen und die anzusiedelnden Arbeitsplätze. Die Qualifikation der Einflußräume durch die Zahl der verkehrsabhängigen Arbeitsplätze bildet demzufolge ein brauchbares Indiz für die Effizienz der alternativen Streckenführungen (siehe Tabelle 6 - 5).

---

[1] Vgl. Hansmeyer, K.-H., u.a., Standortwahl industrieller Unternehmen, Hrsg. Gesellschaft für regionale Strukturentwicklung, Bonn 1973.

Tabelle 6 - 3: Die wichtigsten Standortfaktoren und ihre Bedeutung für die Wirtschaftsabteilungen der Industrie

Wirtschafts-abteilungen	günstige Verkehrs-lage	Arbeits-markt	Grund-stücks-erschl.	Wohn-wert	Förde-rung	Güter-ver-kehr
Bekleidung	25,0	43,0	39,5	3,3	8,7	1,1
Elektro-industrie	21,0	34,6	48,6	7,7	16,2	6,7
Eisen/Metall	27,3	31,8	44,4	1,6	13,6	7,6
Papier/Druck	42,9	15,4	11,0	0,2	6,1	18,4
Maschinen Fahrzeuge	26,6	30,5	20,0	4,8	11,4	6,7
Lederwaren	-	61,9	28,6	-	9,4	-
Textilindustrie	21,1	35,7	22,8	2,3	18,1	-
Chemie	38,1	23,7	-	0,1	8,8	5,9
Feinmechanik Optik	22,5	37,5	17,5	7.5	12,5	2,5
Holzverarb. Industrie	33,7	30,9	7,3	5,6	16,9	5,6
Nahrungs- u. Genußmittel	40,9	22,7	18,2	-	-	18,2
Feinkeramik Glas	23,8	14,3	28,6	4,8	9,5	19,0
Alle 299 Betriebe	25,1	27,0	29,3	3,4	9,9	5,3

Quelle: Hansmeyer, K.-H. u.a., Standortwahl industrieller Unternehmen, Gesellschaft für regionale Strukturentwicklung, Bonn 1973

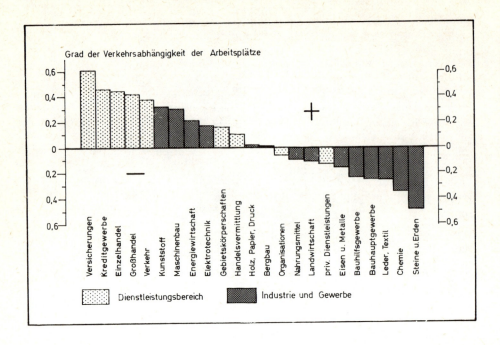

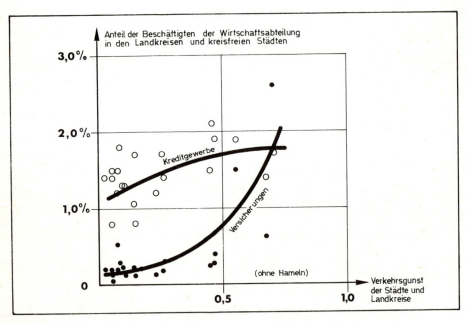

Abb. 6-2: Auswirkungen der Verkehrsgunst auf die Konzentration der Arbeitsplätze

Tabelle 6 - 4: Die Abhängigkeit im Dienstleistungsbereich von der Verkehrsgunst im schienengebundenen Nord-Süd-Verkehr

Wirtschaftsabteilungen		Rangkoeffizient nach Spearman	Sicherheitswahrscheinlichkeit in %
40/41	Großhandel	0,4190	95
42	Handelsvermittlung	0,1054	-[1]
43	Einzelhandel	0,4482	97,5
50	Verkehr und Nachrichten	0,3783	95
60	Kreditgewerbe	0,4581	97,5
61	Versicherungen	0,6115	99,5
70/71	Dienstleistungen soweit von Unternehmen und freien Berufen erbracht	-0,1310	-[1]
80	Organisation ohne Erwerbscharakter	-0,0618	-[1]
9	Gebietskörperschaften und Sozialversicherungen	0,1622	-[1]

Quelle: Eigene Berechnung
[1] unter 90%

Tabelle 6 - 5: Die Verkehrsabhängigkeit der Arbeitsplätze in den Einflußräumen

| Einflußraum | Beschäftigte | | Verhältnis der | |
	absolut in 1.000	Anteil an den gesamten Arbeitsplätzen in %	Absolutwerte	% - Anteile
Göttingen	42,5	62,8	1,82	1,52
Harz und Leinetal einschl. Göttingen	134,4	51,9	5,74	1,25
Wesertal	23,4	41,4	1,00	1,00

Quelle: Eigene Berechnung

Die Verhältniswerte der %-Anteile stellen die Bedeutung der Verkehrsabhängigkeit und die der Absolutwerte das Ausmaß des Einflusses einer Veränderung der Verkehrsverhältnisse dar.

Der Einflußraum der Variante Göttingen stellt sich ganz klar durch Bedeutung und Ausmaß der Verkehrsabhängigkeit seiner Arbeitsplätze als der geeignetere für die Streckenführung der Neubaustrecken heraus. Noch größer wird der Unterschied zwischen den beiden Einflußräumen, wenn man den Beitrag der verkehrsabhängigen Arbeitsplätze zum jeweiligen Bruttoinlandsprodukt mißt. In Göttingen tragen 62,8% der Arbeitsplätze 80,0% und in Holzminden 41,4%   55,6% zur Erarbeitung des Bruttoinlandsproduktes bei.

6.1.4 Die überregionale Funktion der Arbeitsplätze in den Einflußräumen

Die Verkehrsabhängigkeit allein erlaubt keine Aussage über die Bedeutung der Trassenvarianten für die wirtschaftliche Entwicklung in den Einflußräumen. Im vorliegenden Fall ändert sich die Verkehrsgunst besonders im Fernverkehr. Da die Verkehrsabhängigkeit der Arbeitsplätze sich jedoch am Regionalverkehr orientieren kann, wurde die Struktur der Arbeitsplätze nach ihrer überregionalen Funktion analysiert. In diesem Zusammenhang fand die "export-base-theory" Verwendung. In dieser Theorie wird den Exportströmen eine zentrale Bedeutung für die Wachstumskraft einer Region beigemessen. Werden Waren oder Dienstleistungen, die über das zur Selbstversorgung notwendige Maß hinaus produziert werden, als "Exporte" in andere Wirtschaftsräume geliefert, so entstehen regionale Wachstumsprozesse. Arbeitsplätze, die für den Export und nicht für die Versorgung der Region benötigt werden, sind durch eine überregionale Funktion gekennzeichnet.

Auf der Grundlage dieser Analyse konnten für die einzelnen Einflußräume die Arbeitsplätze der Wirtschaftsabteilungen nach dem Maß ihrer überregionalen Funktion gegliedert werden. Hierbei wurde ein Index errechnet, der bei einem Wert über 1,0 die überregionale Funktion anzeigt.

Im Raum Göttingen zeichnen sich die Abteilungen Versicherungsgewerbe mit 2,60, Elektrotechnik, Feinmechanik, Optik mit 2,06 und erwartungsgemäß die Gebietskörperschaften (Universität) mit 1,63 durch hohe Exporte besonders aus. Im Einflußraum Harz und Leinetal spielen außerdem die Landwirtschaft mit 1,9 und die Abteilung Holz, Druck und Papier mit 1,83 eine Rolle. Alle übrigen Arbeitsplätze haben keine oder nur geringe überregionale Funktion.

Außergewöhnlich hoch hingegen ist die überregionale Funktion der Abteilung Steine - Erden (4,66) im Einflußraum Holzminden (Porzellanmanufakturen). Auf den nachfolgenden Rängen allerdings stellt sich ein ähnliches

Bild dar wie im Raum Harz - Leinetal: Holz, Druck, Papier (2,48) und Landwirtschaft (1,70). Durch die Gewichtung mit der jeweiligen Zahl der Beschäftigten wurde für die Einflußräume der durchschnittliche Index als Maß für die überregionale Funktion ihrer Arbeitsplätze nachgewiesen.

Tabelle 6 - 6: Die überregionale Funktion der Arbeitsplätze in den Einflußräumen

Einflußraum	Index für die überregionale Funktion	
	der verkehrsabhängigen Arbeitsplätze	der Arbeitsplätze im Dienstleistungsbereich
Göttingen	1,56	1,31
Harz und Leinetal einschließlich Göttingen	1,01	1,04
Wesertal	0,89	0,99

Vergleicht man die Einflußräume, so tritt klar die überregionale Bedeutung des Raumes Göttingen hervor. Im Vergleich zum Raum Holzminden - Höxter ist in Göttingen die überregionale Funktion der Arbeitsplätze in den verkehrsabhängigen Branchen 1,75 mal so groß. Der Raum im Harz und Leinetal ohne Göttingen allerdings hat die gleiche Bedeutung wie Holzminden und Höxter. Dort beträgt der Durchschnittsindex für die überregionale Funktion 0,88 für die verkehrsabhängigen Arbeitsplätze und 0,97 im Dienstleistungsbereich. Ebenso wie im Wesertal besteht in diesem Gebiet ein Nachholbedarf in der wirtschaftlichen Entwicklung, für die die Verbesserung der Verkehrsbedienung ein wichtiger Impuls sein kann.

6.2 UNTERSTÜTZUNG RAUMORDNERISCHER ZIELSETZUNGEN

6.2.1 Zielsetzungen des Bundes und der Länder

Die Deutsche Bundesbahn ist Initiator des Konzepts der Neubaustrecken. Die Bundesregierung und die betroffenen Länderregierungen nehmen jedoch über die Finanzierung und die Durchführung der erforderlichen Raumordnungsverfahren entscheidend Einfluß auf die Realisierung dieses Konzeptes. Es ist deshalb zu prüfen, wie die Varianten der Neubaustrecke geltende Entwicklungsprogramme der Gebietskörperschaften für die Untersuchungsregion unterstützen.

Die Zielsetzungen des Bundes und der Länder sind vielseitig aufeinander bezogen und werden deshalb gemeinsam behandelt. Die Oberziele aller raumordnungspolitischen Programme sind im Raumordnungsgesetz des Bundes formuliert und dort in Grundsätze der Raumordnung umgesetzt worden [1]:

- Die räumliche Struktur der Gebiete mit gesunden Lebens- und Arbeitsbedingungen sowie ausgewogenen wirtschaftlichen, sozialen und kulturellen Verhältnissen soll gesichert und weiter entwickelt werden.

- In Gebieten, in denen eine solche Struktur nicht besteht, sollen Maßnahmen zur Strukturverbesserung ergriffen werden.

Unter besonderem Bezug auf die Infrastruktur wird für beide Gebietskategorien gefordert, daß die Aufschließung und Bedienung der Räume mit der angestrebten Entwicklung in Einklang zu bringen sind.

In Bundes- und Länderprogrammen ist detailliert worden, welche Entwicklungen in den Teilräumen angestrebt werden. Dabei kann für die hier vorliegende Aufgabenstellung nach zwei Gruppen von Programmen entschieden werden:

a) Flächendeckende Programme. Dazu sind vor allem zu rechnen:

- Niedersächsisches Landes-Raumordnungsprogramm vom April 1973 mit Raumordnungsprogrammen für die Regierungsbezirke Braunschweig, Hannover und Hildesheim

- Landes-Entwicklungsprogramm Niedersachsen 1985 vom Sommer 1973

- Gebietsentwicklungsplan der Landesplanungsgemeinschaft Westfalen, Teilabschnitt Hochstift Paderborn vom Dezember 1972

Diese Programme gehen davon aus, daß angesichts beschränkter finanzieller Möglichkeiten sowie z. T. ungünstiger topographischer Gegebenheiten und geringer Bevölkerungsdichten die Oberziele des Raumordnungsgesetzes nur durch Konzentration der Fördermittel in Schwerpunkträumen und Zentralen Orten erreicht werden können.

Das System der Zentralen Orte soll sicherstellen, daß die Bevölkerung im ganzen Land ein angemessenes Angebot an Einrichtungen der Daseinsvorsorge zur Verfügung gestellt bekommt. Dazu gehört natürlich auch ein entsprechendes Verkehrsangebot, das folgendermaßen abgestuft werden kann:

- Fernverkehr zwischen Oberzentren

---

[1] Raumordnungsgesetz vom 8.4.1965, §§ 1 und 2

- Bezirksverkehr zwischen Mittel- und zugehörigen Oberzentren mit Anschluß an den Fernverkehr sowie zwischen benachbarten Mittelzentren.

- Nahverkehr zur Erschließung der Nahbereiche und zur Anbindung der Grundzentren an die übergeordneten Zentren.

Für diese Untersuchung zum Schienenschnellverkehr sind vor allem die Ober- und Mittelzentren der Region zwischen Hannover und Kassel von Interesse. Sie sind aus der Abbildung 6 - 3 ersichtlich.

Ausgewählte Zentrale Orte sind darüber hinaus zu Schwerpunkten mit Schwerpunkträumen erklärt worden (vgl. Abb. 6 - 3). Unter den Zielen der niedersächsischen Landesregierung für diese Schwerpunkte sind folgende für diese Untersuchung von besonderem Interesse:

- Schaffung eines differenzierten Arbeitsplatzangebotes für die Bevölkerung und Stärkung der Wirtschaft durch Fühlungsvorteile im dichteren Markt

- Besserer und wirtschaftlicher Ausbau der Infrastruktur

- Sicherung von Erholungsräumen mit geringer Beeinträchtigung durch Immissionen [1]

Für den Sektor des Schienenverkehrs sind diese Ziele folgendermaßen präzisiert worden:

- Gute Anbindung der niedersächsischen Entwicklungsschwerpunkte und Fremdenverkehrszentren an den deutschen und internationalen Fernverkehr

- Verbesserung des schienengebundenen Regionalverkehrs, insbesondere zwischen sich ergänzenden Schwerpunkten [2]

b) Spezielle Förderprogramme für Teilräume. Für die Aufgabenstellung dieser Untersuchung sind vor allem folgende Programme von Bedeutung:

- Zonenrandförderungsgesetz vom August 1971

- Rahmenplan der Gemeinschaftsaufgabe "Verbesserung der regionalen Wirtschaftsstruktur" 1972 - 1975

---

[1] Während in Niedersachsen keine Rangordnung der Schwerpunkte festgelegt wurde, gibt es in Nordrhein-Westfalen Entwicklungsschwerpunkte 1. bis 3. Ordnung. In Abb. 11 - 1 wurden die nordrhein-westfälischen Entwicklungspunkte 1. und 2. Ordnung eingetragen.
[2] Vgl. Landes-Entwicklungsprogramm Niedersachsen 1985

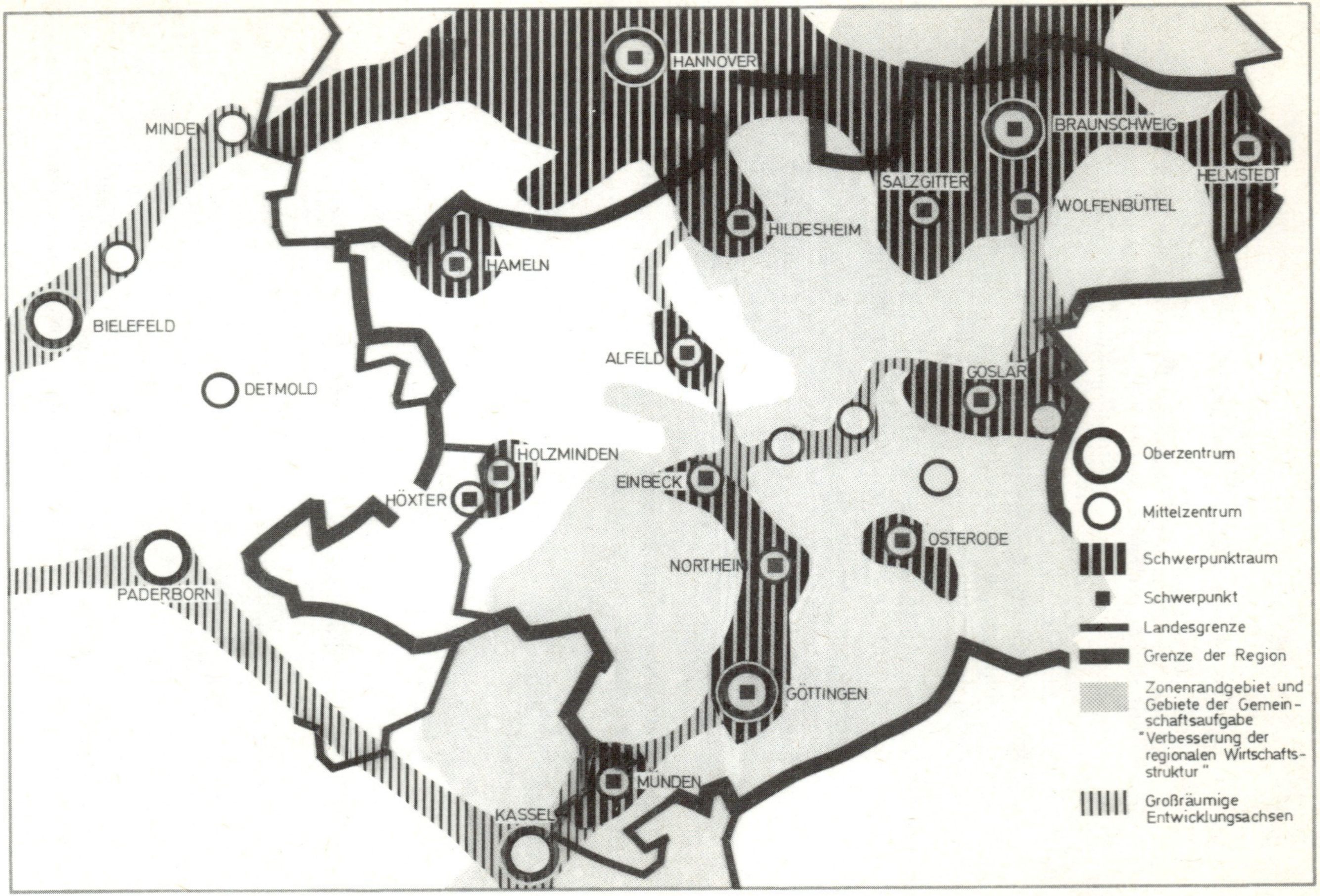

Abb. 6-3: Raumordnerische Festlegungen in der Region

- Entwurf des Bundesraumordnungsprogramms [1] in Verbindung mit den Raumordnungsberichten 1970 und 1972

Das Zonenrandförderungsgesetz, das nur für die östlichen Teile der Untersuchungsregion Gültigkeit hat (vgl. Abb. 11 - 1), bestimmt, im Verbund mit dem Raumordnungsgesetz die Leistungskraft des Zonenrandgebiets bevorzugt zu stärken mit dem Ziel, daß in allen seinen Teilen Lebens- und Arbeitsbedingungen sowie eine Wirtschafts- und Sozialstruktur geschaffen werden, die denen im gesamten Bundesgebiet m i n d e s t e n s g l e i c h w e r t i g sind. Dazu sind im Zonenrandgebiet u. a. die Verkehrserschließung und Verkehrsbedienung im Rahmen des Ausbaues der Bundesverkehrswege b e v o r z u g t zu fördern.

Der gezielten Entwicklung der gewerblichen Wirtschaft und des Fremdenverkehrs in ausgewählten Fördergebieten dient die von Bund und Ländern gemeinsam getragene Gemeinschaftsaufgabe "Verbesserung der regionalen Wirtschaftsstruktur". Für die Zwecke dieser Untersuchung können daraus die ausgewählten Fördergebiete - sie sind in der Untersuchungsregion identisch mit dem Zonenrandgebiet - und die förderungswürdigen Schwerpunkte abgelesen werden.

Die Schwerpunkte sind in die Gruppen A bis E nach dem %-Satz der Förderungsmittel eingeteilt. In der hier zu untersuchenden Region erhalten (nach dem Stand 1.1.1973)

- bis 25% Förderung: Braunschweig, Goslar, Helmstedt und Schöningen (A und E),

- bis 15% Förderung: Clausthal-Zellerfeld, Duderstadt, Einbeck, Göttingen, Hildesheim, Northeim, Osterode, Seesen, Uslar und Wolfenbüttel (C).

Mit dieser Gruppierung von Förderungsschwerpunkten sind die Aussagen des Zonenrandförderungsgesetzes für den Sektor der gewerblichen und der Fremdenverkehrswirtschaft profiliert worden.

Das Bundesraumordnungsprogramm zielt darauf ab, Disparitäten zwischen Teilräumen des Bundesgebiets u. a. durch bevorzugte Förderung der im Vergleich zum Bundesdurchschnitt erheblich zurückgebliebenen Teilräume abzubauen. Die Förderungsmittel sollen auf Entwicklungszentren konzentriert werden, die von den Ländern festzulegen sind. Großräumige Entwicklungsachsen sollen die Zentren miteinander verbinden und damit gleichzeitig den Siedlungen in den dazwi-

---

[1] Entwurf des Bundesministers für Raumordnung, Bauwesen und Städtebau vom 10.10.1973. Das endgültige BROP lag zum Zeitpunkt der Bearbeitung dieser Studie noch nicht vor.

schenliegenden Gebieten Lagevorteile vermitteln sowie strukturelle
Entwicklungsimpulse geben.

In der Untersuchungsregion verläuft eine Achse zwischen Hannover
und Kassel durch das Leinetal über Alfeld und Göttingen. Eine zweite
Achse führt vom Leinetal (Kreiensen) über Goslar nach Braunschweig.
Durch diese beiden Achsen werden bis auf Hameln, Holzminden und
Osterode alle Schwerpunkte der Untersuchungsregion erfaßt (vgl. Abb.
6 - 3).

Weitere großräumige Entwicklungsachsen verlaufen von Hannover nach
Bielefeld und von Kassel nach Paderborn. Der Erholungsraum des We-
sertales mit den Schwerpunkten Holzminden/Höxter wird durch die genannten Entwicklungsachsen allseitig eingerahmt.

6.2.2 Unterstützung des Konzeptes der Zentralen Orte und Schwerpunkte

Anhand verkehrlicher Kriterien [1] soll illustriert werden, wie die beiden
Varianten der Neubaustrecke mit dem raumordnerischen Entwicklungskon-
zept der Zentralen Orte und der Schwerpunkte harmonieren. Als Kriterien
werden die Reisegeschwindigkeit und die Qualität der Verkehrsbedienung
ausgewählt.

Von besonderem Interesse ist die Verbindung der Oberzentren der Untersuchungsregion (Braunschweig und Göttingen) mit Verkehrsschwerpunkten
des Bundesgebiets [2] im Fernverkehr. Zusätzlich kann der Schienenschnellverkehr Beiträge zum Bezirksverkehr leisten, wenn er Mittelzentren mit
ihren Oberzentren direkt verbindet [3].

Für die Zwecke der Bundesverkehrswegeplanung ist präzisiert worden,
wie das Ziel einer angemessenen Fernverkehrsverbindung zu interpretieren ist: Zwischen den Zentren des Bundesgebiets sind möglichst gleiche
Luftlinien-Geschwindigkeiten herzustellen [4]. Um prüfen zu können, wie
die Varianten der Neubaustrecke zum Ziel möglichst gleicher Geschwindigkeiten im Bundesgebiet beitragen, muß hilfsweise eine ideale Luftlinien-

---

[1] Zur Vermeidung von Wiederholungen wird zu regionalwirtschaftlichen
Kriterien auf Kap. 6.1 verwiesen.
[2] Hier wurden als repräsentativ ausgewählt: Hamburg, Bremen, Hannover,
Essen, Bonn, Kassel, Frankfurt, Stuttgart, Nürnberg und München.
[3] Dies gilt bei Variante H 2 für die Anbindung von Holzminden an Hannover und Kassel.
[4] Huber, H.J., /Bundesverkehrsministerium, Analyse des Erschließungs-
und Verbindungsbedarfs im zweiten Ausbauplan, Straße und Autobahn 1969,
Heft 1. Für die Bundesfernstraßen wird dort eine Luftlinien-Geschwindig-
keit von 90 km/h als ideal angenommen.

Geschwindigkeit für Schienenschnellverkehre angenommen werden, mit der die tatsächlichen Geschwindigkeiten im Sinne der Zielerreichung verglichen werden können.

Die Angaben der Deutschen Bundesbahn über die künftigen Reisezeiten im IC-Verkehr geben einen Anhaltspunkt für eine solche Annahme. Die höchsten Luftlinien-Reisegeschwindigkeiten werden danach 1985 auf den Neubaustrecken Kassel - Würzburg mit 163 km/h und Kassel - Hannover (Variante 0) mit 157 km/h erzielt. Da jedoch auf allen anderen Relationen auch künftig nur wesentlich niedrigere Geschwindigkeiten erreicht werden [1], wurde für die Zwecke dieser Untersuchung die anzustrebende Luftlinien-Reisegeschwindigkeit mit v' = 150 km/h angenommen.

Rechnet man die von der Deutschen Bundesbahn angegebenen künftigen Reisezeiten im IC-Verkehr zwischen den Zentren in Luftlinien-Geschwindigkeiten um und setzt diese ins Verhältnis zur Zielgeschwindigkeit v' so ergeben sich folgende Quotienten [2]:

Tabelle 6 - 7: Quotienten der Luftlinien-Geschwindigkeiten

		Variante	
		H 2	G 2
Durchgangsverkehr Nord-Süd		0,74	0,70
Braunschweig	- Kassel	0,57	0,50
	- F/S/N/M	0,59	0,56
Göttingen	- HH/HB/E	0,57	0,65
	- Hannover	0,69	1,00
	- Kassel	0,35	0,89
	- BN/F/S/N/M	0,52	0,61

Die Durchgangsverkehre erreichen die angenommene ideale Geschwindigkeit zu 74 bzw. 70% mit einem leichten Nachteil bei der Variante G 2, der durch die 11 Minuten Reisezeitverlust (für Umwegfahrt und Halt in Göttingen) entsteht [3].

Bei der Betrachtung der Werte für Braunschweig und Göttingen sind besonders die Differenzen zum Durchgangsverkehr innerhalb jeder Variante von

---
[1] Kassel - Hamburg 116 km/h, Kassel - München 108 km/h, Kassel-Frankfurt 94 km/h
[2] Die angegebenen Werte sind gemittelt aus den Einzel-Quotienten der Relationen o.g. Zentren. Im Durchgangsverkehr blieben Bonn und Essen unberücksichtigt.
[3] Durch diesen Zeitverlust erklären sich auch die Variantenunterschiede der Braunschweiger Verkehre.

Bedeutung. Diese sind zwischen den Durchgangs- und den Braunschweiger Verkehren bei beiden Varianten etwa gleich groß (i. M. 16 bzw. 17%). Sie können deshalb beim Variantenvergleich außer Betracht bleiben.

Auffallende Unterschiede gibt es bei den Göttinger Verkehren: Die Göttinger Quotienten der Variante H 2 sind im Verhältnis zum Durchgangsverkehr sehr viel schlechter. Besonders niedrig ist der Wert für die Verkehre von und nach Kassel, der deutlich die ungünstige Streckenführung über Eichenberg zum Ausdruck bringt [1]. Dagegen zeigt die Variante G 2 Quotienten für Göttingen, die im Fernverkehr leicht unter den Durchgangsverkehren, bei den Verkehren nach Hannover und Kassel erheblich über den durchgehenden Verkehren liegen.

Zusammenfassend kann für den Variantenvergleich festgestellt werden, daß

- die Durchgangsverkehre leichte Geschwindigkeitsverluste durch Variante G 2 gegenüber H 2 zu verzeichnen haben.

- das Oberzentrum Braunschweig bei beiden Varianten mit etwa gleichem Abstand hinter der allgemeinen Entwicklung der Reisegschwindigkeiten zurückbleibt,

- das Oberzentrum Göttingen nur bei Variante G 2 gleichwertig angeschlossen ist. Bei Variante H 2 würde Göttingen vor allem hinsichtlich der Anbindung an die schnellen Verkehre von und nach Süden erheblich hinter der allgemeinen Entwicklung zurückbleiben.

Durch den Halt einiger D-Züge auf der Neubaustrecke H 2 in Holzminden würden außerdem die Mittelzentren Holzminden und Höxter sehr gute Verbindungen im Bezirksverkehr nach den Oberzentren Hannover und Kassel erhalten und von dort aus gute Anschlüsse an die schnellen Fernverbindungen. Da in diesem Fall der Bezug zu einer idealen Vergleichsgeschwindigkeit von $v' = 150$ km/h nicht sinnvoll ist, werden diese Effekte für den Schwerpunktraum Holzminden/Höxter in Tabelle 6 - 8 durch die Reisezeiten veranschaulicht.

Tabelle 6 - 8: Reisezeiten von und nach Holzminden

	Variante		Heute
	H 2	G 2	
Holzminden - Hannover	34 min	82 min	82 min
- Kassel	26 min	97 min	116 min

Quelle: Eigene Ermittlung

---

[1] Luftlinienentfernung 41 km, Streckenlänge 67 km. Diese ungünstige Verbindung wirkt sich auch auf alle anderen Göttinger IC-Verkehre nach Süddeutschland aus.

Demgegenüber zeigt der Vergleich der Reisezeiten der Variante G 2 mit
den heutigen Zeiten, daß durch die Variante G 2 und die zugehörigen Betriebsprogramme keine entscheidende Verbesserung der heute sehr ungünstigen Reisezeiten für den Raum Holzminden/Höxter zu erwarten ist.

Die bisherigen Betrachtungen bezogen sich auf die kürzesten Reisezeiten
unabhängig von der Qualität der Verkehrsbedienung [1]. Diese ist jedoch für
die Zentralen Orte und Schwerpunkte ebenso wichtig. Die Ermittlungen haben gezeigt, daß sich Unterschiede zwischen den beiden Varianten auf die
Mittelbereiche der Zentren Holzminden/Höxter/Brakel einerseits und Göttingen/Northeim andererseits konzentrieren [2]. Beispielhaft werden hier
nur die Werte für Holzminden und Göttingen noch einmal gegenübergestellt
(Tab. 6 - 9).

Tabelle 6 - 9: Qualität der Verkehrsbedienung (Faktor f) [3]

	Varianten		
	H 2		G 2
	max	min	
Göttingen - Norden	0,86	0,86	1,00
- Süden	0,89	0,89	1,00
Holzminden - Norden	0,62	0,26	0,45
- Norden	0,62	0,26	0,45

Quelle: Eigene Ermittlung

Dabei wird ausdrücklich darauf hingewiesen, daß diese Werte immer nur
für die zeitkürzeste Verbindung Gültigkeit haben und deshalb zusammen
mit der jeweiligen Fahrzeit zu interpretieren sind.

Die Bedienungsqualität für das Oberzentrum Göttingen und seinen Schwerpunktraum ist optimal bei Variante G 2. Sie ist geringer bei Variante H 2
wegen der fehlenden IC-Verkehre. Im Vergleich dazu kann die heutige Bedienungsqualität in Göttingen - gemessen an heutigen Maßstäben - ebenfalls als optimal (1,0) bezeichnet werden. Die Realisierung der Variante
H 2 würde dementsprechend eine Minderung der Bedienung für das Oberzentrum und den angrenzenden Mittelbereichen Northeim bedeuten. Eine
solche Entwicklung würde jedoch nicht der Forderung im Landes-Entwicklungsprogramm entsprechen, daß bei einer Trassenführung im Wesertal
"eine der bisherigen mindestens gleichwertige Verkehrsbedienung des ost-

---

[1] Die Qualität der Verkehrsbedienung umfaßt die Frequenz der Züge im
IC- und D-Zug-Verkehr und berücksichtigt auch die Umsteigevorgänge.
Sie wird durch einen Bedienungsfaktor f ausgedrückt (vgl. Kap. 3.2)
[2] Vgl. Anlage 3
[3] Bei Variante H 2 wird differenziert nach maximaler und minimaler Zugfrequenz (12 bzw. 3 D-Zug-Halte pro Tag und Richtung auf der Neubaustrecke in Holzminden, vgl. Kap. 3)

niedersächsischen Schwerpunktraumes und der Zentralen Orte im Leinetal auf der alten Nord-Süd-Strecke gesichert werden muß." [1]

Für den Schwerpunktraum Holzminden/Höxter sind folgende Fälle zu unterscheiden:

- Variante H 2 mit maximaler Zugfrequenz auf der Neubaustrecke in Holzminden. Die Anbindung an Hannover und Kassel über die Neubaustrecke wäre hinsichtlich Bedienungsqualität und Reisezeiten sehr gut.

- Variante H 2 mit minimaler Zugfrequenz auf der Neubaustrecke in Holzminden. Die Reisezeiten nach Hannover und Kassel wären wiederum sehr gut, die Bedienungsqualität mit 3 Zügen pro Tag und Richtung jedoch sehr niedrig. Deshalb müßten zu Tageszeiten, in denen keine Verbindung über die Neubaustrecke besteht, die Verbindungen über Kreiensen bzw. Warburg in Anspruch genommen werden, die dann aber mit sehr viel längeren Reisezeiten verbunden sind.

- Variante G 2. Hier bestehen für Holzminden überhaupt keine direkten schnellen Verbindungen nach Hannover und Kassel. Es müßte deshalb immer über Kreiensen gefahren werden. Ein Vorteil gegenüber der vorgenannten Variante bestünde aber bei den Verkehren nach Süden darin, daß ab Göttingen die schnellen und häufigen Verbindungen zur Verfügung stünden.

Zusammenfassend ist festzustellen, daß die Variante G 2 einer Forderung des Landes-Entwicklungsprogramms entspricht, die bei Variante H 2 nicht erfüllt wäre. Für den Schwerpunktraum Holzminden/Höxter entstehen besondere Vorteile durch die Variante H 2, wenn auch eine gute Zugfrequenz im Haltpunkt Holzminden angeboten wird. Bei niedriger Zugfrequenz entstehen für diesen Raum sowohl Vor- als auch Nachteile gegenüber Variante G 2, die schwer gegeneinander abzuwägen sind. Unter langfristigen Aspekten wäre aber die Variante H 2 für Holzminden/Höxter auch bei niedriger Zugfrequenz vorteilhafter, weil damit die Möglichkeit offen gehalten würde, die Zugfrequenz jederzeit zu erhöhen.

6.2.3 Unterstützung spezieller Förderprogramme

Durch die Abgrenzung der unterschiedlichen Einflußräume der Varianten auf der Basis der Nachfrageveränderung durch das alternative Verkehrsangebot und die räumliche Festlegung der Gebiete, in denen die Zonenrandförderung oder die Gemeinschaftsaufgabe zur Verbesserung der regionalen Wirtschaftsstruktur wirksam werden sollen, ist es möglich, die Unterstützung der Förderprogramme durch die Größe der jeweils betroffenen Zielgruppen darzustellen.

---

[1] Landes-Entwicklungsprogramm Niedersachsen 1985, S. 398

Zielgruppen der Zonenrandförderung sind Bevölkerung und Wirtschaft gleichermaßen. Die Wirkung der Varianten wird daher durch die betroffenen Einwohner und Arbeitsplätze bzw. durch den Anteil der Begünstigten zu denen, die sich in dem Teil des Förderungsgebietes befinden, das innerhalb des Untersuchungsgebietes liegt, aufgezeigt. Die Überlagerung von Einflußräumen und Förderungsgebieten erlaubt die zahlenmäßige Angabe von Einwohnern und gewerblichen Arbeitsplätzen in den Fördergebieten. die gleichzeitig Einflußräume sind.

Tabelle 6 - 10: Die Unterstützung der Zonenrandgebiete durch die Varianten

	Variante G 2				Var. H 2		Zonenrandgebiete innerhalb der Untersuchungsregion	
	Harz u. Leinetal mit Göttingen		Göttingen allein		Wesertal			
	abs.	%	abs.	%	abs.	%	abs.	%
Einwohner in - Zonenrandgebieten innerhalb der Einflußräume	574.600	39	155.400	10	0	0	1.476.960	100
Gewerbliche Arbeitsplätze in - Zonenrandgebieten innerhalb der Einflußräume	108.750	37	27.800	98	0	0	294.960	100

Quelle: Eigene Ermittlung

Die Werte der Tabelle 6 - 10 zeigen, daß allein eine Trassierung der Neubaustrecke über Göttingen durch das Leinetal im Sinne des Zonenrandförderungsgesetzes wirkt.

Eine zweite Zielgruppe wird durch die Gemeinschaftsaufgabe der Verbesserung der regionalen Wirtschaftsstruktur gebildet. Der Einfluß der Varianten auf diese Zielsetzung wird am geeignetsten durch die betroffenen gewerblichen Arbeitskräfte in den Förderungsschwerpunkten der Gemeinschaftsaufgabe innerhalb des Untersuchungsgebietes beschrieben. Hierbei werden alle Orte berücksichtigt, deren Förderung mehr als 10% beträgt [1]. Im Einflußraum Harz und Leinetal der Variante G 2 liegen die Schwerpunkte Münden, Göttingen, Duderstadt, Northeim, Uslar, Einbeck, Seesen, Osterode, Zellerfeld und Goslar und in Gebieten, in denen weder die Va-

---

[1] Der Bundesminister für Wirtschaft und Finanzen, Rahmenplan der Gemeinschaftsaufgabe "Verbesserung der regionalen Wirtschaftsstruktur". Drucksache VI/2451 des Deutschen Bundestages.

riante H 2 noch G 2 einen entscheidenden Vorteil aufweisen, Hildesheim, Wolfenbüttel, Braunschweig, Helmstedt und Schöningen. Insgesamt sind in den Schwerpunkten in der Untersuchungsregion 1970 ca. 174.900 Arbeitsplätze der gewerblichen Wirtschaft konzentriert. Hiervon werden in Göttingen allein 24.600 oder 14%, im Einflußraum Harz und Leinetal inklusive Göttingen 67.400 oder 39% aller gewerblichen Arbeitsplätze der Förderungsschwerpunkte in der Untersuchungsregion durch die Variante G 2 begünstigt. Im Falle der Realisierung von H 2 hat kein Schwerpunkt innerhalb der Region Vorteile durch diese Linienführung.

In der Untersuchungsregion wird neben den bisher diskutierten Programmen das Fremdenverkehrsprogramm Niedersachsen [1] wirksam. Mit dem Harz- und dem Solling-Wesertal-Gebiet fallen zwei bedeutsame Fremdenverkehrsregionen mit den Einflußräumen zusammen. Betrachtet man nur die Schwerpunktgemeinden mit 1. Förderungspriorität, so sind dem Einflußraum Wesertal die Gemeinden Bodenwerder, Polle, Silborn, Neuhaus und Derental und dem Einflußraum Harz und Leinetal einschließlich Göttingen die Orte Bad Gandersheim, Hahnenklee, Bad Harzburg, Bad Grund, Braunlage, St. Andreasberg, Hohegeiss Zorge und Bad Lauterberg [1] zugeordnet.

Die Bettenkapazität und die Zahl der Übernachtungen bezogen auf das Angebot bzw. die Nachfrage in den Fremdenverkehrsschwerpunkten mit 1. Förderungspriorität in der Untersuchungsreion, kennzeichnet die unterschiedliche Bedeutung der Varianten für das Fremdenverkehrsprogramm (siehe Tab. 6 - 11).

Tabelle 6 - 11: Die betroffenen Gästebetten und Übernachtungen in den Schwerpunkten (1. Förderungspriorität) innerhalb des Untersuchungsgebietes 1970

	Gästebetten		Gästeübernachtungen	
	abs.	%	abs.	%
Einflußraum Harz/Leinetal einschl. Göttingen	25.327	87,3	3.460.600	90,0
Einflußraum Wesertal	3.701	12,7	382.000	10,0
Summe	29.028	100,0	3.842.600	100,0

Quelle: Fremdenverkehrsprogramm Niedersachsen

---

[1] Der Niedersächsische Minister für Wirtschaft und öffentliche Arbeiten, Fremdenverkehrsprogramm Niedersachsen, regionale Schwerpunkte der fremdenverkehrlichen Entwicklung, Hannover, Februar 1974

Insgesamt gesehen wird deutlich, daß die Streckenführung über Göttingen die speziellen Förderprogramme des Bundes und des Landes Niedersachsen eindeutig unterstützt. Eine Linienführung über Holzminden hingegen würde lediglich für einen geringeren Teil des beeinflußten Fremdenverkehrsgebietes Vorteile bringen.

6.3 BEWERTUNG DER ALTERNATIVEN

6.3.1 Auswahl relevanter Zielkriterien

Die bisher dargestellten Zielaussagen von Bund, Ländern und der Deutschen Bundesbahn steckten zusammen mit allgemeingültigen Aussagen wie Minimierung der volkswirtschaftlichen Verluste den Rahmen zur Diskussion der Varianten ab. Für die Variantenbeurteilung sind sie jedoch als Oberziele zu wenig gegliedert.

Das Vorhaben, Varianten an ihren Zielerreichungsgraden zu messen, setzt neben der Formulierung von Handlungsalternativen auch die Ermittlung der relevanten Zielkriterien als letzte Stufe einer Zielhierarchie voraus [1].

Im vorliegenden Fall stellen die Neubaustreckenvarianten die Handlungsalternativen dar, die vor allem raumordnerische Grundvorstellungen unterstützen sollen. Die Konzentration auf Ziele, zu denen sie einen Beitrag leisten, kristallisiert aus den allgemein formulierten Grundvorstellungen in der zweiten Zielebene die Verbesserung der Verkehrsverhältnisse, die Entwicklung und Schaffung gesunder Lebens- und Arbeitsbedingungen und die Unterstützung spezieller Förderprogramme heraus. Allerdings sind diese Zielaussagen gleichfalls noch nicht so detailliert, daß sie operationalisierte Aussagen über die Zielnormen als Grundlage für die Variantenbewertung erlauben. Hierzu bedarf es der in Abb. 6-4 dargestellten weiteren Untergliederung.

In der dritten Ebene der Zielhierarchie gibt die Differenzierung zwischen Verbindungs- und Erschließungsfunktion des zusätzlichen Verkehrsangebotes durch die Trassenvarianten weiteren Aufschluß über ihre Zielsetzung. Während die Verbindungsfunktion unter raumordnerischen Aspekten nur zwischen Zentralen Orten optimal gewährleistet sein muß, betont die Erschließungsfunktion die zentralörtliche Hierarchie durch die Orientierung auf die Zubringerfunktion aus den jeweiligen Bereichen zum zugeordneten Zentrum. Im ersten Fall stellen die Verkürzung der Reisezeit und die Steigerung des Verkehrsaufkommens im Fernverkehr im zweiten Fall die Erfüllung beider Vorstellungen im Regional- und Zentrumsverkehr im Sinne der Varianten erstrebenswerte Ziele für die Neubautrassenvarianten dar.

---

[1] Hesse, J.J., Zielvorstellungen und Zielfindungsprozesse im Bereich der Stadtentwicklung, in: Archiv für Kommunalwissenschaft, 10. Jg., 1971, 1. Halbjahresband

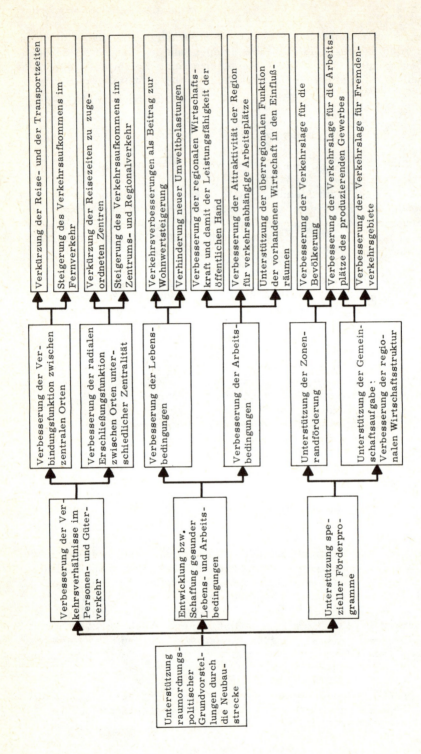

Abb. 6-4: Thesenhafte Zielkriterien als Ausgangspunkt des Forschungsvorhabens

Auf die Aufgabenstellung der Untersuchung bezogen, ist die Verbesserung der Verkehrsverhältnisse bei gleichzeitiger Vermeidung neuer Umweltbelastungen vorrangiges Ziel zur Verbesserung der Lebensbedingungen. Der Beitrag, den eine Verbesserung der Verkehrslage zur Steigerung des Wohnwertes leistet, wird auch dadurch deutlich, daß das Vorhandensein einer Eisenbahnstation von 40, 6% der im Rahmen einer Repräsentativerhebung in der Bundesrepublik Deutschland befragten Personen als wichtig für den Wohnwert einer Region eingestuft wurden[1]. Auch für den Arbeitsmarkt spielt die Verbesserung der Verkehrslage durch die Varianten eine Rolle. Sie trägt zur Stärkung der regionalen Wirtschaftskraft durch ihren Einfluß auf das Wachstum des Bruttoinlandsproduktes bei. Demzufolge ist es ein wichtiges Ziel der Handlungsalternativen, die Verkehrslage der Arbeitsplätze zu unterstützen, die verkehrsabhängig sind und die eine überregionale Funktion erfüllen. Das Oberziel der Unterstützung der Förderprogramme - die Zonenrandförderung und die Gemeinschaftsaufgabe der Verbesserung der regionalen Wirtschaftsstruktur - wird durch die Veränderung der Verkehrslage für ausgewählte Zielgruppen charakterisiert[2]. Die Neubaustrecken müssen gezielt die Verkehrslage für Einwohner und Arbeitsplätze des produzierenden Gewerbes in den Fördergebieten verbessern. Die Begünstigung der im Untersuchungsgebiet liegenden Fremdenverkehrsgebiete ist ein Sonderfall, da diese Arbeitsplätze unter der Kategorie des produzierenden Gewerbes nicht erfaßt werden, hier in Teilgebieten jedoch eine besondere Rolle spielen.

Die angestrebte Verwendung der vierten Ebene der Zielhierarchie als Zielkriterien, die operationalisiert die Obergrenze des angestrebten Nutzenniveaus kennzeichnen sollen, erfordert die Prüfung von Indifferenz, Konkurrenz und Kompatibilität zwischen diesen einzelnen Teilzielen[3]. Die Einschränkung auf Wirkungen der Handelsalternativen, die verkehrlich gemessen werden können und die damit verbundene Auswahl der Teilziele, läßt eine Indifferenzaussage nicht zu. Diese Vorgehensweise war jedoch sinnvoll, weil die Neubaustrecken nur einen Beitrag zur Erreichung der Oberziele leisten, die Wirkungen anderer Maßnahmen, die gleichfalls beitragen, hier jedoch vernachlässigt werden.

In der Raumplanung lassen sich infolge der Komplexität der formulierten Ziele Konflikte nicht vermeiden[4]. Die Möglichkeit des Zielkonfliktes wird durch die Beschränkung der Ziele auf denjenigen zwischen den Effekten im Bereich der Umweltbelastungen und der Attraktivitätssteigerung für Ein-

---

[1] Vgl. Zimmermann, H. u. a. Regionale Präferenzen, hrsg. von der Gesellschaft für regionale Strukturentwicklung, Bonn, April 1973
[2] Vgl. Kap. 6.2
[3] Vgl. Bundesministerium für Finanzen, Erläuterungen zur Durchführung von Kosten-Nutzen-Untersuchungen (Entwurf, Stand 20. November 1972), Bonn 1972
[4] Zangemeister, Ch., Nutzwertanalyse in der Systemtechnik, eine Methodik zur multidimensionalen Bewertung und Auswahl von Projektalternativen, München 1971

wohner und Arbeitsplätze begrenzt. Die konsequente Lösung von Zielkonflikten, nach der alle sich gegenseitig ausschließende Ziele aus der Bewertung herausgenommen werden müssen, wird hier nicht weiter verfolgt, weil es sich im vorliegenden Fall nur um partielle Konflikte handelt [1].

Eine partielle Konkurrenz wird hierbei als ein Konflikt interpretiert, der erst dann auftritt, wenn die vorhandenen Mittel zur Erreichung eines der konkurrierenden Ziele erschöpft sind. Im Fall der Trassenvarianten kann die Lärmbelästigung durch vermehrten Mitteleinsatz derart reduziert werden, daß der Konflikt nur noch in einigen Grenzfällen auftritt. Die optische Umweltbelästigung ließe sich durch eine entsprechend günstig geführte Trasse oder durch weitgehende Untertunnelung bzw. Aufständerung der Trasse reduzieren. Setzt man eine diese Aspekte berücksichtigende Streckenführung voraus, so läßt sich auch hier durch erhöhten Einsatz von Mitteln die Umweltbelastung und damit der Zielkonflikt beseitigen.

Da es an dieser Stelle nicht möglich ist, den Wert einer optischen Beeinflussung eines Siedlungsgebietes, der offenen Landschaft oder eines Landschaftsschutzgebietes durch die Trassen festzustellen, wird die Beeinträchtigung gleichermaßen angenommen. Bei Abzug der Tunnelstrecken der Variante Göttingen stellt sich heraus, daß bei beiden Varianten Zerschneidungen und Trennwirkungen in gleicher Länge auftreten, der notwendige Mitteleinsatz also gleich groß ist bzw. der Nachteil der Variante Göttingen bereits durch die Mehrkosten für die Tunnel erfaßt ist. Aus den oben erläuterten Gründen werden Lärmbelästigung und optische Beeinträchtigung durch die Differenzkosten zwischen den Varianten berücksichtigt. Diese treten durch die optische Umweltbelastung nicht auf, wenn die genannten Voraussetzungen akzeptiert werden.

Die dritte Möglichkeit der Zielbeziehung, die Komplementarität ist dadurch gekennzeichnet, daß die Veränderung eines bestimmten Zustandes in Richtung auf das vorgegebene Ziel andere Zielerfüllungen gleichlaufend verändert. Die vorliegende Variantenbewertung stützt sich hauptsächlich auf die Messung der Veränderung von Verkehrsangebot und Nachfrage als Indikatoren für den Einfluß der Trassenvarianten auf die vorgegebenen Zielsetzungen und Zielgruppen. Da die Wirkungen differenziert gemessen werden und die Reaktion der Zielgruppen unterschiedlich gewertet wird, ist durch die Auswahl der Teilziele eine Doppelbewertung vermieden worden.

Aus Gründen der Zielkomplementarität wurde auf die Bewertung der Angebotsseite der Varianten verzichtet [2]. Es wird davon ausgegangen, daß durch die Zeitgewinne des Vergleichsverkehrs und durch die Verkehrsmehreinnahmen diese Nutzenkomponenten bereits erfaßt worden sind.

---

[1] Iblher, P., Jansen G.-D., Die Bewertung städtischer Entwicklungsalternativen mit Hilfe sozialer Indikatoren - Wirtschaftspolitische Studien, H. 29, Hrsg. Harald Jürgensen, Hamburg, 1972
[2] Vgl. Kapitel 11.2

6.3.2 Operationalisierung der Zielkriterien

Die angestrebte Bewertung der Trassenvarianten auch durch Kriterien, die nicht in Kosten oder Einnahmen ausdrückbar sind, erfordert neben der Auswahl der relevanten Ziele und ihrer hierarchischen Gliederung die Festlegung von meßbaren Wertskalen. Sie sollen durch die Festlegung der Ausgangs- und Zielwerte und durch die Skalierung der Zwischenwerte die Wirkungen der Varianten in Richtung der vorgegebenen Ziele meßbar machen. Hierzu ist allerdings Voraussetzung, daß die Ziele operationalisierbar und die Veränderungen durch die Handlungsalternativen auf Skalen meßbar sind.

Im Rahmen der hier durchgeführten Kosten-Wirksamkeitsanalyse werden die Effekte der Varianten danach geordnet, ob sie sinnvoll in Geld ausdrückbar sind oder ob andere Skalen gefunden werden müssen. Soweit Wirkungen monetarisiert werden können und eindeutig als ausschließliche Konsequenz der Streckenführung dargestellt werden können, werden diese Einnahmen bzw. Kosten mit den Investitions- und Betriebskosten saldiert und der Differenzwert zwischen den Varianten mit den nicht monetarisierbaren Wirkungen konfrontiert.

Die in Tabelle 6 - 12 dargestellten Ansätze zur Operationalisierung der Zielkriterien verdeutlichen, daß Reisezeitverbesserungen und Verkehrssteigerungen im schienengebundenen Personenverkehr durch die alternative Streckenführung direkt in Geld meßbar sind und daß die Wirkungen der Umweltbelästigung als Kosten in die Rechnung eingehen. Diese Kriterien werden daher als Einnahmen oder Ausgaben mit den bereits erläuterten Kosten der Varianten saldiert. Die sich daraus ergebenden Gegenwartswerte der in Geld ausdrückbaren Wirkungen der Varianten und die Differenz stecken den Rahmen ab, der durch die nicht monetarisierten Wirkungen ausgeglichen werden muß.

Diese Nutzen der Varianten werden durch die Wohnwertsteigerung, die Steigerung der regionalen Wirtschaftskraft, die Verbesserung der Arbeitsbedingungen und durch die Unterstützung der Förderungsprogramme durch die Varianten beleuchtet.

Neben der Auswahl operationalisierbarer Zielindikatoren stellt die Beschreibung der Maßnahmen, an denen die Zielerreichung gemessen werden soll und die Fixierung der Mindestanforderungen und Zielnormen einen weiteren Schritt dar, der vor allem für die Ausweisung der nicht monetär bewerteten Wirkungen der Varianten notwendig ist.

Als Skalen bieten sich die Währungseinheiten bei den bereits in Geld ausgedrückten Wirkungen und bei den übrigen Verhältnisskalen (z.B. %) oder Ordinalskalen an. Hier werden alle nicht monetär meßbaren Zielerreichungen auf Verhältnisskalen zwischen 0 - keine Wirkung in Richtung des vorgegebenen Zieles - und 1,0 vollständige Zielerfüllung gemessen.

Tabelle 6 - 12: Operationalisierungsvorschläge für die ausgewählten Zielkriterien

Ziel	Operationalisierungs-parameter	Bewertungsansätze
Reisezeit-verbesserung	Zeitgewinne bzw. Zeitverluste	monetarisierter Saldo der Zeitvor- und nachteile im - Fern- und Durchgangsverkehr - Zentrums- und Regionalverkehr
Verkehrs-steigerung im Schienenverkehr	Mehrverkehre	Mehreinnahmen durch zusätzliche Fahren im - Fernverkehr - Zentrums- und Regionalverkehr
Wohnwert-steigerung	Einwohner für die sich die Verkehrslage entscheidend verbessert	Anteil der Einwohner in Einflußräumen der Varianten an denen der Untersuchungsregion
Umwelt-belastungen	Lärmbelästigung und Trassenwirkungen	Eliminierung der Wirkungen durch erhöhten Mitteleinsatz, Berücksichtigung bei den Kosten
Steigerung der regionalen Wirtschaftskraft	Veränderungsrate des Bruttoinlandsproduktes	Änderung des Bruttoinlandsproduktes bei einer Verbesserung der Verkehrsgunst
Verbesserung der Arbeitsbedingungen	ausgewählte Arbeitsplätze für die sich die Verkehrslage entscheidend verbessert	Anteil der verkehrsabhängigen Arbeitsplätze in den Einflußräumen Index der überregionalen Funktion der Einflußräume
Unterstützung der speziellen Förderprogramme	Einwohner des Zonenrandgebiets und Arbeitsplätze in den Fördergebieten für die sich die Verkehrslage entscheidend verbessert Fremdenverkehrsgebiet deren Attraktivität gesteigert wird	Anteil der Einwohner in den Einflußräumen in % der Einwohner des Zonenrandgebiets Anteil der Arbeitsplätze des produzierenden Gewerbes in den gewerblichen Schwerpunktorten Anteil des Bettenangebotes in den Förderungsschwerpunkten in den Einflußräumen und denen im Untersuchungsgebiet

Die Festlegung von Mindestnutzen und Zielnorm ist bei den monetären Wirkungen wenig sinnvoll. Die Höhe der Kosten-Ertragsdifferenz ist bereits der geeignete Maßstab zur Bewertung dieser Kriterien. Bei den nicht in Geldeinheiten meßbaren Werten muß für jedes Zielkriterium der Nutzen im Zustand 0 und im Zustand 1,0 festgelegt werden, da sonst die Ausweisung des Zielerreichungsgrades im Verhältnis zur Zielnorm nicht möglich ist. Allgemeingültige Zielnormen in Form von anzustrebenden Zielwerten existieren für die Zielkriterien nicht. Sie sind meist nur so definiert, daß ebenso wie bei monetär bewertbaren Effekten eine möglichst hohe positive Veränderung angestrebt wird. Aus diesem Grund können Zielwerte für die Kriterien Verbesserung der Erschließungs- oder Bedienungsfunktion, Bedienung der Arbeitsplätze mit hoher überregionaler Funktion und Steigerung des Bruttoinlandsproduktes durch das erweiterte Verkehrsangebot nicht allgemeingültig angegeben werden. Aushilfsweise müssen Normen konstruiert werden, deren Größenordnung im wesentlichen aus den durchgeführten regionalen Analysen und aus Vergleichsmöglichkeiten abgeleitet werden.

Das Ziel Verbesserung der Verkehrsqualität soll dann erreicht sein, wenn die nachgewiesene potentielle Nachfrage nach schienengebundenen Personenverkehrsleistungen durch das tatsächliche Verkehrsaufkommen gedeckt ist, d.h. das Verhältnis von Aufkommen und Nachfrage im Fernverkehr ebenso wie im Regional- und Zentrumsverkehr gleich 1,0 ist. In den beiden anderen Fällen werden aus heutiger Sicht für die überregionale Funktion der Einflußräume durch den Vergleich mit den Verdichtungsräumen ein Wert von 2,0 und aus der Analyse von Verkehrsgunst und Bruttoinlandsprodukt in der Untersuchungsregion eine anzustrebende Steigerung von zusätzlichen 4,5% als Zielnorm festgelegt.

Die übrigen Ziele wie Wohnwertsteigerung, die Verkehrsabhängigkeit der Arbeitsplätze und die Unterstützung der Förderprogramme sind dann erreicht, wenn 100,0% der jeweiligen Zielgruppe durch die Trassen begünstigt werden. Die Wirkungen der Trassen werden durch die Festlegung der Einflußräume sichtbar. Aus Gründen der Einheitlichkeit werden sämtliche Zielerreichungen durch Verhältniswerte zwischen 0 und 1,0 ausgedrückt.

6.3.3 Bewertung der Alternativen nach der Zielerfüllung

Die bisherige Diskussion der Varianten stützte sich auf die monetär bewertbaren Effekte der alternativen Streckenführungen und Betriebsprogramme. Die Wirkungen auf Bevölkerung und Wirtschaft der Einflußgebiete können nicht direkt abgelesen werden. Ihr Beitrag zum Nutzen wird durch die Erfüllung ausgewählter Zielsetzungen gekennzeichnet.

Die nicht durch Geld bewertbaren Nutzenbestandteile der Varianten gliedern sich in drei Gruppen. Einmal werden die Auswirkungen auf die Lebens- und Arbeitsbedingungen in den Einflußräumen, zum anderen die Verbesserung der Verkehrsverhältnisse und die Unterstützung spezieller Förderprogramme bewertet. In allen Fällen werden nur Wirkungen gemessen, die durch die Verbesserung des Verkehrsangebots entstehen. Hierbei wird unterstellt, daß hohe Zielerreichungen gleichbedeutend mit hohen Nutzengewinnen sind.

Im einzelnen weisen die in Tabelle 6 - 13 dargestellten Bewertungsparameter für die Variante Göttingen einheitlich Vorteile aus. Die ausgewählten Strukturmerkmale zeigen die größere regionalwirtschaftliche Bedeutung des von der Variante Göttingen bevorteilten Einflußraumes. In ihm lebt der weitaus größere Teil der Einwohner, und die Arbeitsplatzstruktur ist durch höhere Verkehrsabhängigkeit mit größerer überregionaler Funktion gekennzeichnet.

Im Einflußraum der Variante Göttingen erbringen die 62,5% verkehrsabhängigen Arbeitsplätze 80,0%, die 42,8% im Raum Holzminden-Höxter hingegen nur 55,6% des Bruttoinlandsproduktes. Die geschätzten Veränderungsraten des auf die Einwohner bezogenen Bruttoinlandsproduktes verdeutlichen ebenfalls den Unterschied zwischen den Impulsen, die die Varianten der Neubaustrecke in ihren Einflußräumen ausüben. Allerdings können diese Zuwachsraten nur als grobe Schätzungen angesehen werden. Ebenso wie die Daten der Bevölkerungs- und Arbeitsplatzstruktur kennzeichnen diese verkehrlich induzierten Veränderungen des Bruttoinlandsprodukts die Bedeutung einer direkten Anbindung des Raumes Göttingen an das überregionale Verkehrsnetz.

In einem zweiten Komplex der Bewertungskriterien werden raumordnerische Zielsetzungen des Bundes und der betroffenen Länder mit verkehrlichen Wirkungen der Trassenvarianten verglichen. Wegen der großräumigen Konzeption des Ausbauprogramms der Deutschen Bundesbahn treten die stärksten Wirkungen der Varianten im Fernverkehr und auf den Relationen zu den Zentren Hannover und Kassel auf.

Bei der Auswahl von Bewertungskriterien war auf diese Tatsache Rücksicht zu nehmen. Es wurde dementsprechend nach Kriterien differenziert, die die überregionale Verbindungsfunktion der Neubaustrecke ansprechen und solchen, die Erschließungsfunktionen zu den nächsten Zentren bewerten. Die Reaktion der Verkehrsteilnehmer, dargestellt durch den Mehrverkehr und das verbesserte Angebot (repräsentiert durch die Zeitgewinne) lassen die Vorteile einer Streckenführung über Göttingen sichtbar werden.

Gemeinsam mit den Kriterien, die die Unterstützung spezieller Förderungsprogramme durch die Varianten kennzeichnen, wird deutlich, daß die Variante Göttingen (G 2) gesetzlich fixierte raumordnerische Zielsetzungen unterstützt, während dies von der Variante Holzminden (H 2) nicht

Tabelle 6 - 13: Regionalwirtschaftliche Bewertung der Varianten

	Bewertungsparameter	
	Variante Göttingen	Variante Holzminden
VERBESSERUNG DER VERKEHRSVERHÄLTNISSE		
Verbesserung der Verbindungsfunktion im Fernverkehr		
Reisezeitgewinne	726.800 Std/Jahr	509.000 Std/Jahr
Mehrverkehr	536.200 Fahrten/Jahr	373.700 Fahrten/Jahr
Verbesserung der Erschließungsfunktion im Zentrums- und Regionalverkehr		
Reisezeitgewinne	276.700 Std/Jahr	136.400 Std/Jahr
Mehrverkehr	1.105.200 Fahrten/Jahr	506.000 Fahrten/Jahr
VERBESSERUNG DER LEBENS- UND ARBEITSBEDINGUNGEN		
Anteil der betroffenen Einwohner (a)	33,4%	9,4%
Anteil der verkehrsabhängigen Arbeitsplätze (b)	62,8%	42,8%
Index der überregionalen Funktion (b)	1,56	0,89
Geschätzte jährliche Veränderung des Bruttoinlandsprodukts (BIP/WOB) durch die bessere Verkehrslage (b)	2,0%	0,7%
UNTERSTÜTZUNG SPEZIELLER FÖRDERPROGRAMME		
Anteil der Einwohner im Zonenrandgebiet (a)	39,0%	0
Anteil der gewerblichen Arbeitsplätze im Zonenrandgebiet (a)	37,0%	0
Anteil der gewerblichen Arbeitsplätze in den Schwerpunkten der Gemeinschaftsaufgabe (a)	39,0%	0
Anteil des Bettenangebotes in den Förderungsschwerpunkten 1. Priorität (a)	87,0%	12,7%

(a) in Räumen mit 10% und mehr Nachfragesteigerung (Einflußräume)
(b) in Räumen mit 25% und mehr Nachfragesteigerung (Haupteinflußräume)
Quelle: Eigene Berechnung

gesagt werden kann. Im Gegenteil, eine Trassenführung über das Wesertal würde klaren Forderungen des Bundes und des Landes Niedersachsen widersprechen.

Der regionalwirtschaftliche Vergleich der Trassenvarianten H 2 und G 2 kann abschließend folgendermaßen zusammengefaßt werden:

Orientiert man die Bewertung ausschließlich an der Übereinstimmung mit gesetzlich verankerten Förderprogrammen, ist die Variante G 2 der Variante H 2 deutlich überlegen. Berücksichtigt man auch die Bewertungskriterien, die in vorstehender Tabelle in den ersten beiden Abschnitten zusammengestellt sind, so fällt das Urteil unabhängig von der Gewichtung der einzelnen Kriterien ebenfalls zugunsten der Variante Göttingen aus. Es zeigt sich aber auch der Nachholbedarf des Einflußraumes der Variante Holzminden.

Rückt man auf Grund dieser regionalwirtschaftlichen Ergebnisse die Variante G 2 in den Vordergrund der Betrachtung, so sprechen gegen sie nur die höheren Kosten für den Bau (einschließlich Lärmschutz) und Betrieb. Alle anderen Kriterien sprechen für die Variante G 2.

Sämtliche Kriterien weisen eindeutig für die Variante Göttingen höhere Nutzen aus. Hieraus ergibt sich, daß eine zusätzliche Einführung von Präferenzen durch Gewichtung der Teilnutzen ohne Einfluß auf das Ergebnis bleiben würde.

Den Mehrkosten [1], um die die Variante Göttingen teurer ist, stehen ca. 2- bis 5-mal höhere Nutzen gegenüber.

7. Zusammenfassung

7.1. BEWERTUNGSERGEBNISSE

Die betriebswirtschaftliche, gesamtwirtschaftliche und die raumordnerische Bewertung der Trassen führen zu unterschiedlichen Ergebnissen:

- Privatwirtschaftlich (unter Ausklammerung der Investitionskosten), d.h. aus der Sicht der Bundesbahn, sind beide Trassen etwa gleichrangig zu bewerten. Mehrbetriebskosten der Göttinger Trasse (Umweg) stehen etwa gleich hohe Mehreinnahmen durch die Ausschöpfung zusätzlicher Nachfragepotentiale gegenüber.

---

[1] Vgl. Tab. 13 - 1

- Gesamtwirtschaftlich ist die Göttinger Trasse ungünstiger zu beurteilen als die Trasse über Holzminden. Die höheren Investitionskosten können nur teilweise durch die günstigeren Werte hinsichtlich der Reisezeitersparnisse und der wirtschaftlichen Impulse ausgeglichen werden. Variationen des Kalkulationszinsfußes und des Zeitwertansatzes verändern das Ergebnis nicht entscheidend. Es wurde jedoch gezeigt, daß es sich hierbei nur um eine unzureichende Bewertung handelt, die die Nutzenseite (die für die Göttinger Trasse spricht) nicht ausreichend widerspiegelt. Die dargestellte gesamtwirtschaftliche Nutzen-Kosten-Bilanz ist in dieser Form für sich genommen ein untaugliches Beurteilungskriterium.

- Raumordnerisch verdient die Göttinger Trasse eindeutig den Vorzug. Alle raumordnerisch zugrundezulegenden Bewertungskriterien zeigen - sowohl aus der Sicht des Landes als auch aus der Sicht des Bundes - die klare Begünstigung der Göttinger Alternative.

Die Entscheidung muß daher zwischen volkswirtschaftlichen Mehrkosten und raumordnerischen Mehrnutzen abwägen. Diese Abwägung ist aus zwei Gründen zu rechtfertigen:

a) Raumordnungspolitik wird nicht in erster Linie als räumliche Ausdruck volkswirtschaftlicher Wachstumspolitik verstanden. Raumordnungspolitik ist vielmehr durch die Bereitschaft gekennzeichnet, volkswirtschaftliche Wachstumsnachteile in Kauf zu nehmen, wenn dies der Durchsetzung räumlicher Entwicklungsziele dient.

b) Während die hier vorgenommene gesamtwirtschaftliche Bewertung dazu neigt, Entwicklungsimpulse der Verkehrsinvestition eher zu unterschätzen, da alle Schätzungen von heutigen Strukturen und Entwicklungspotentialen ausgehen, und die Impulse lediglich nach einem Mindestwertansatz bewertet würden, gilt für die raumordnerische Beurteilung eher das Gegenteil, indem sie von erwünschten Strukturen ausgeht. Zwischen beiden Ansätzen wird die wahrscheinlich richtige Bewertung liegen.

In dieser Arbeit wurde darauf verzichtet, Gewichtungen für das Abwägen gesamtwirtschaftlicher und raumordnerischer Effekte einzuführen. Insofern bleibt das Ergebnis der Gesamtbewertung offen.

Eine mögliche Alternative zum Abwägen durch Gewichtungen stellt die Alternativkostenmethode dar. Es werden der Alternative Holzminden die Kosten zusätzlich zugerechnet, die aufgewendet werden müssen, um gleichwertige raumordnerische Effekte zu erzeugen wie im Falle der Trasse über Göttingen. Die Reisezeitvergleiche zeigen, daß eine Beschleunigung der Schienenverbindung zwischen Göttingen und Kassel - auch bei der Variante Holzminden - die Erschließungsfunktion wesentlich verbessern würde. Durch eine derartige Maßnahme könnte ein Teil der raumordnungspolitischen Vorteile der Trasse Göttingen auch für die Holzminden-Trasse aktiviert werden.

Nach Auskunft der Bundesbahn ist jedoch eine Beschleunigung des Verkehrs auf der bestehenden Trasse zwischen Göttingen und Kassel nicht möglich. Auch hat man bereits festgestellt, daß ein Ausbau der Strecke nicht zweckmäßig ist. Unter diesen Voraussetzungen erscheint es realistisch, die Alternativkosten durch die Kosten für einen Neubau dieses Streckenstückes abzuschätzen.

An dieser Stelle kann eine überschlägige Abschätzung nur auf der Basis der vorhandenen Angaben erfolgen. Nimmt man die auf den Kilometer bezogenen Investitionskosten der Variante Holzminden, so ergeben sich auf der Strecke Göttingen - Kassel Investitionskosten zwischen 450 und 500 Millionen DM. Das heißt, die Kostendifferenz zwischen der Variante Göttingen und Kassel wird aufgehoben.

Selbstverständlich müßte man auch zusätzliche Betriebskosten, Abschreibungen und Zugförderkosten berechnen. Hierauf soll jedoch verzichtet werden, da nur eine grobe monetäre Abschätzung der raumordnungspolitischen Vorteile der Variante Göttingen dargestellt werden soll. Es wird bereits so deutlich, daß durch diese Maßnahme, durch die jedoch die raumordnungspolitischen Vorteile nicht hundertprozentig hergestellt werden können, die Kosten der Variante Holzminden etwa denjenigen der Variante Göttingen entsprechen würden.

Wenn also die zu vergleichenden Investitionsalternativen so definiert werden, daß sie auf der Nutzenseite (zumindest aus regionalwirtschaftlicher Sicht) zu ähnlichen Ergebnissen führen sollen, so entfällt der rechnerische Vorteil der Holzmindener Trasse nicht nur, sondern er kehrt sich zugunsten der Göttinger Trasse sogar um.

Eine Entscheidung zugunsten der Göttinger Trassenführung erscheint dabei sinnvoll, insbesondere da raumordnerische Zielvorstellungen bzw. die in ihnen enthaltenen Gewichtungsansätze diese Entscheidung noch unterstützen.

Die hier vorgeführte Bewertung erhebt nicht den Anspruch, die bestehenden offenen methodischen Probleme sämtlich gelöst zu haben. Sie hat vielmehr gezeigt, daß solche Probleme teilweise kaum lösbar erscheinen. Die Stützung einer Entscheidung auf e i n e n methodischen Bewertungsansatz kann sogar zu Fehlentscheidungen führen, bedingt durch die jeder Methode immanenten Wertermittlungsverfahren. Insofern bleibt die letzte Entscheidung, unabhängig von zusätzlich einzubringenden politischen Präferenzen, offen. Nur die Gegenüberstellung verschiedener Bewertungsansätze vermag das Entscheidungsrisiko zumindest soweit offenzulegen, daß ein endgültiges Urteil rational möglich wird. Es war auch das Anliegen dieser Arbeit, diese verschiedenen Bewertungsansätze und ihre

Konsequenzen zu beleuchten, also eher die verschiedenen Nutzen- und Kostenaspekte der Investitionsentscheidung zu beleuchten als ein abschließendes Gesamturteil abzugeben.

Verzeichnis der Anlagen

1	Die potentielle Nachfrage auf den Relationen des Fernverkehrs nach Nahbereichen:		I
	(a)	Variante H 2	I
	(b)	Variante H 2	II
	(c)	Variante G 2	III
	(d)	Variante G 2	IV
	(e)	Variante 0	V
	(f)	Variante 0	VI
2	Die Potentielle Nachfrage im Zentrumsverkehr		VII
	Zugfrequenz und Bedienungsfaktor auf ausgewählten Relationen nach Kassel und Hannover		
	Das Verkehrsaufkommen auf ausgewählten Relationen des Fernverkehrs		VIII
	(a)	Variante H 2	IX
	(b)	Variante H 2	X
	(c)	Variante G 2	XI
	(d)	Variante G 2	XII
	(e)	Variante 0	XIII
	(f)	Variante 0	XIV
5	Verkehrsaufkommen auf den Relationen des Zentrumsverkehrs		XV

Anlage 1 (a): DIE POTENTIELLE NACHFRAGE AUF DEN RELATIONEN DES FERNVERKEHRS NACH NAHBEREICHEN (gemessen in Hin- und Rückfahrten je Monat aus der Region)

VARIANTE H 2

Verdichtungsräume	Braun-schweig	Wolfen-büttel	Salz-gitter	Hildes-heim	Bocke-nem	Sehnde	Goslar	Osterode	Nort-heim	Duder-stadt	Göttingen
Rhein-Ruhrgebiet											
Frankf., Darmst., Mz	3.423	621	1.446	2.077		364					
Hamburg											
Stuttgart	1.797	347	752	1.006		184					
München	1.179	243	511	652		123					
Mannheim, Heidelberg	1.343	264	586	812		143					
Nürnberg	1.167	236	503	680		125					
Bremen											
Saarbrücken	694	143	300	387		73					
Aachen											
Bielefeld											
Augsburg	409	84	188	231		43					
Karlsruhe	737	149	316	430		78					
Kiel											
Lübeck											
Koblenz	754	149	320	455		80					
Münster											
Osnabrück											
Freiburg	223	47	99	123		24					
Siegen	460	92	196	272		49					
Bremerhaven											
Berlin											
insgesamt	12.186	2.375	5.217	7.851		1.286					

Anlage 1 (b): DIE POTENTIELLE NACHFRAGE AUF DEN RELATIONEN DES FERNVERKEHRS NACH NAHBEREICHEN (Gemessen in Hin- und Rückfahrten je Monat aus der Region)

VARIANTE H 2

Verdichtungsräume	Boden-felde	Holz-minden	Ein-beck	Seesen	Alfeld	Hameln	Höxter	Brakel	Bad Driburg	Helm-stedt	Elze/Gronau
Rhein-Ruhrgebiet		1.432				1.174	716	259	160	626	305
Frankf., Darmst., Mz.		1.373					669	147	147		
Hamburg		633				586	332	76	78	338	151
Stuttgart		393				388	212	51	52	233	100
München		545				463	275	62	63	257	121
Mannheim, Heidelberg		163				401	38	54	54	220	104
Nürnberg		1.020					446	93	92		
Bremen		236				229	126	33	33	136	64
Saarbrücken							310				
Aachen											
Bielefeld		142				136	76	20	18	83	35
Augsburg		277				248	143	35	33	140	64
Karlsruhe		184					95	22	23		
Kiel		203					102	23	23		
Lübeck		320				258	156	35	35	139	67
Koblenz											
Münster											
Osnabrück		72				74	40	10	10	46	19
Freiburg		183				156	92	21	21	90	41
Siegen		215					102	24	24		
Bremerhaven		454					245	60	60		
Berlin											
insgesamt		7.844				4.113	4.175	1.025	926	2.308	1.071

Anlage 1 (c): DIE POTENTIELLE NACHFRAGE AUF DEN RELATIONEN DES FERNVERKEHRS NACH NAHBEREICHEN (gemessen in Hin- und Rückfahrten je Monat aus der Region)

VARIANTE G 2

Verdichtungsräume	Braun-schweig	Wolfen-büttel	Salz-gitter	Hildes-heim	Bocke-nem	Sehnde	Goslar	Osterode	Nort-heim	Duder-statt	Göttingen
Rhein-Ruhrgebiet	3.402	673	1.442	2.062	301	342	1.478	994	1.049	391	4.897
Frankf., Darmst., Mz.	1.749	356	752	996	161	176	768	512	480	200	3.164
Hamburg	1.202	243	509	650	110	118	519	342	305	134	2.620
Stuttgart	1.367	273	583	807	123	137	596	404	401	157	1.615
München	1.175	235	504	696	105	118	512	348	347	135	836
Mannheim, Heidelberg											1.173
Nürnberg											1.021
Bremen	691	142	300	385	64	24	305	219	182	79	1.819
Saarbrücken											502
Aachen											327
Bielefeld											1.357
Augsburg	406	83	189	229	38	41	179	119	109	46	193
Karlsruhe	734	148	314	425	67	74	321	216	207	84	342
Kiel											359
Lübeck											389
Koblenz	749	149	318	452	67	75	326	223	229	86	686
Münster											699
Osnabrück											748
Freiburg	226	47	98	123	21	23	100	66	57	26	153
Siegen	455	91	194	269	41	46	199	135	133	52	394
Bremerhaven											401
Berlin											903
insgesamt	12.156	2.440	5.203	7.094	1.098	1.174	5.303	3.578	3.499	1.390	24.598

Anlage 1 (d): DIE POTENTIELLE NACHFRAGE AUF DEN RELATIONEN DES FERNVERKEHRS NACH NAHBEREICHEN (gemessen in Hin- und Rückfahrten je Monat aus der Region)

VARIANTE G 2

Verdichtungsräume	Boden-felde	Holz-minden	Ein-beck	Seesen	Alfeld	Hameln	Höxter	Brakel	Bad Driburg	Helm-stedt	Elze/Gronau
Rhein-Ruhrgebiet	282		626	541	771	1.108				626	303
Frankf., Darmst., Mz.	235										
Hamburg	138		300	269	374	562				338	150
Stuttgart	90		189	182	244	375				233	99
München	111		242	214	302	442				257	120
Mannheim, Heidelberg	96		209	184	261	381				220	103
Nürnberg	145										
Bremen	53		112	105	145	221				136	59
Saarbrücken											
Aachen											
Bielefeld	22		67	62	87	131				83	35
Augsburg	37		126	114	161	237				140	64
Karlsruhe	37										
Kiel	38										
Lübeck	62		137	119	169	244				139	66
Koblenz											
Münster											
Osnabrück	17		35	34	46	72				46	19
Freiburg	37		81	71	101	147				90	24
Siegen	36										
Bremerhaven	99										
Berlin											
insgesamt	1.535		2.124	1.895	2.661	3.920				2.308	1.042

Anlage 1 (e): DIE POTENTIELLE NACHFRAGE AUF DEN RELATIONEN DES FERNVERKEHRS NACH NAHBEREICHEN (gemessen in Hin- und Rückfahrten je Monat aus der Region)

VARIANTE 0

Verdichtungsräume	Braun-schweig	Wolfen-büttel	Salz-gitter	Hildes-heim	Bocke-nem	Sehnde	Goslar	Osterode	Nort-heim	Duder-statt	Göttingen
Rhein-Ruhrgebiet	3.361	665	1.268	1.781	275	334	1.304	912	939	359	4.552
Frankf., Darmst. Mz					431						2.600
Hamburg											2.371
Stuttgart	1.732	353	682	896	152	173	699	475	445	192	1.190
München	1.166	241	469	596	105	117	480	321	287	127	756
Mannheim, Heidelberg	1.351	271	519	708	115	135	533	368	364	145	993
Nürnberg	1.162	232	444	610	99	116	457	316	315	125	860
Bremen					326						1.592
Saarbrücken	686	141	274	351	61	24	281	189	171	75	451
Aachen					56						310
Bielefeld					189						1.185
Augsburg	404	83	161	207	36	40	164	111	102	44	177
Karlsruhe	726	147	283	378	63	72	290	199	191	78	310
Kiel					62						336
Lübeck					66						360
Koblenz	759	147	280	393	62	74	288	176	174	79	567
Münster					108						699
Osnabrück					109						676
Freiburg	225	47	92	114	21	23	94	58	50	25	141
Siegen	450	90	173	226	38	45	178	109	104	48	333
Bremerhaven					65						363
Berlin				156							862
insgesamt	12.022	2.417	4.645	6.260	2.595	1.153	4.768	3.234	3.142	1.297	21.684

Anlage 1 (f): DIE POTENTIELLE NACHFRAGE AUF DEN RELATIONEN DES FERNVERKEHRS NACH NAHBEREICHEN (gemessen in Hin- und Rückfahrkarten je Monat aus der Region

VARIANTE 0

Verdichtungsräume	Boden-felde	Holz-minden	Ein-beck	Seesen	Alfeld	Hameln	Höxter	Brakel	Bad Driburg	Helm-stedt	Elze/Gronau
Rhein-Ruhrgebiet											
Frankf., Darmst., Mz.	243	761	564	470	700	1.048	445	146	158	620	291
Hamburg	218	916					517	118	126		
Stuttgart	124	400	273	243	349	539	236	73	78	335	147
München	80	272	178	163	231	363	161	49	51	232	98
Mannheim, Heidelberg	97	302	221	189	277	421	181	58	63	254	116
Nürnberg	84	253	190	162	239	362	155	50	54	218	102
Bremen	132	579					321	71	54		
Saarbrücken	490	160	106	96	136	213	94	31	31	135	57
Aachen							225				
Bielefeld	20	116	63	57	81	126	55	17	18	82	34
Augsburg	34	177	116	102	148	226	98	31	33	139	62
Karlsruhe	35	139					80	18	20		
Kiel	36	145					83	19	21		
Lübeck	46	168	105	104	154	231	98	32	35	137	64
Koblenz											
Münster											
Osnabrück	16	53	31	32	44	70	31	9	10	45	19
Freiburg	33	106	64	63	92	140	61	19	21	85	39
Siegen	34	141					79	19	20		
Bremerhaven	95	370					215	53			
Berlin											
insgesamt	1.817	5.058	1.911	1.681	2.451	3.739	3.135	813	848	2.282	1.029

Anlage 2: POTENTIELLE NACHFRAGE IM ZENTRUMSVERKEHR
(Summierte Rückfahrkarten pro Mittelbereich und Jahr in beiden Richtungen)

Mittelbereiche	Varianten		
	0	H 2	G 2
Braunschweig	37.600	39.500	38.900
Wolfenbüttel	6.100	6.300	6.200
Salzgitter	6.500	9.000	8.900
Hildesheim	21.000	34.500	33.600
Bockenem	1.400		1.600
Sehnde	3.000	3.800	3.000
Goslar	14.400		17.600
Osterode	7.300		9.100
Northeim	18.900		28.600
Duderstadt	3.100		3.900
Göttingen	279.100		572.100
Bodenfelde	6.000		9.000
Holzminden	30.100	177.500	
Einbeck	7.200		10.600
Seesen	4.400		6.500
Alfeld	6.600		9.000
Hameln	10.300	14.200	13.000
Höxter	26.400	89.200	
Brakel	7.200	11.700	
Bad Driburg	9.500	13.000	
Helmstedt	4.600	4.700	4.700
Elze/Gronau	3.100	3.500	3.400

Anlage 3: Zugfrequenz Z und Bedienungsfaktor f auf ausgewählten Relationen nach Hannover und Kassel

Relation	Variante 0 Z^1			Variante H 2 Z^2			Variante G 2 Z^3		
	IC	D	f^4	IC	D	f^4	IC	D	f^4
Braunschweig-Hannover	2	24	0,86			0,86			0,86
Wolfenbüttel -Hannover	-	N/24	0,70			0,70			0,70
Hildesheim -Hannover	-	N	0,75			0,75			0,75
Salzgitter -Hannover	-	10/N	0,48			0,48			0,48
Alfeld -Kassel	-	N/12	0,53			0,53			0,53
Goslar -Kassel	-	11/12	0,41			0,41			0,41
Osterode -Kassel	-	12/12/12	0,30			0,30			0,30
Northeim -Kassel	-	29/23	0,80			0,80	-	29/>36	0,86
Göttingen -Kassel	6	23	0,89			0,89	18	>36	1,00
Göttingen -Hannover	-	30	0,86			0,86	18	>36	1,00
Holzminden -Kassel[3]	-	5/15/18	0,24	-	12	0,62	-	13/12/>36	0,45
Holzminden -Hannover	-	13/12	0,45	-	12	0,62			0,45
Höxter -Kassel	-	10/10	0,36	-	N/12	0,53			0,36
Höxter -Hannover	-	11/12	0,41	-	N/12	0,53			0,41

[1] N = Nahverkehr, berücksichtigt mit f_D = 0,85
[2] wenn keine Angaben, dann Z wie bei Variante 0
[3] Jeweils kürzeste Verbindungen: Variante 0 über Warburg, Variante H 2 über die Neubaustrecke mit Haltepunkt Holzminden, Variante G 2 über Göttingen
[4] $f = 0,12\ f_{IC} + 0,88\ f_D$ (vgl. Kap. 5.1)

Anlage 4 (a): DAS VERKEHRSAUFKOMMEN AUF DEN RELATIONEN DES FERNVERKEHRS (in Fahrten je Monat in beiden Richtungen)

VARIANTE H 2

Verdichtungsräume	Braun-schweig	Wolfen-büttel	Salz-gitter	Hildes-heim	Bocke-nem	Sehnde	Goslar	Osterode	Nort-heim	Duder-statt	Göttingen
Rhein- Ruhrgebiet											
Frankf., Darmst., Mz	16.225	2.397	3.817	8.598		1.506					
Hamburg											
Stuttgart	8.517	1.339	1.985	4.164		761					
München	5.588	937	1.349	2.699		509					
Mannheim, Heidelberg	6.365	1.019	1.547	3.361		592					
Nürnberg	5.531	910	1.327	2.815		517					
Bremen											
Saarbrücken	3.289	551	792	1.602		302					
Aachen											
Bielefeld											
Augsburg	1.938	324	496	956		178					
Karlsruhe	3.493	575	834	1.780		322					
Kiel											
Lübeck											
Koblenz	3.573	575	844	1.883		331					
Münster											
Osnabrück											
Freiburg	1.057	181	261	509		99					
Siegen	2.180	355	517	1.126		202					
Bremerhaven											
Berlin											
insgesamt	57.756	9.163	13.769	29.493		5.319					

Anlage 4 (b): DAS VERKEHRSAUFKOMMEN AUF DEN RELATIONEN DES FERNVERKEHRS (in Fahrten je Monat in beiden Richtungen)

VARIANTE H 2

Verdichtungsräume	Boden-felde	Holz-minden	Ein-beck	Seesen	Alfeld	Hameln	Höxter	Brakel	Bad Driburg	Helm-stedt	Elze/Gronau
Rhein-Ruhrgebiet		4.897				3.428	2.090	756	406	2.140	1.043
Frankf., Darmst., Mz.		4.695					1.953	429	373		
Hamburg		2.164				1.711	969	221	198	1.155	516
Stuttgart		1.340				1.132	619	148	132	796	342
München		1.863				1.351	803	181	160	878	413
Mannheim, Heidelberg		557				1.170	110	157	137	752	355
Nürnberg		3.488					1.302	271	233		
Bremen		807				668	367	96	83	465	218
Saarbrücken							905				
Aachen		485				397	221	58	45	283	119
Bielefeld		947				724	417	102	83	478	218
Augsburg		629					277	64	58		
Karlsruhe		694					297	67	58		
Kiel		1.094				753	455	102	88	475	229
Lübeck											
Koblenz		246				216	116	29	25	157	64
Münster		625				455	268	61	53	307	140
Osnabrück		735					297	70	60		
Freiburg		1.552					715	175	152		
Siegen											
Bremerhaven											
Berlin											
insgesamt		26.818				12.005	12.181	2.987	2.344	7.886	3.657

130

Anlage 4 (c): DAS VERKEHRSAUFKOMMEN AUF DEN RELATIONEN DES FERNVERKEHRS (in Fahrten je Monat in beiden Richtungen)

VARIANTE G 2

Verdichtungsräume	Braun-schweig	Wolfen-büttel	Salz-gitter	Hildes-heim	Bocke-nem	Sehnde	Goslar	Osterode	Nort-heim	Duder-statt	Göttingen
Rhein-Ruhrgebiet	16.125	2.597	3.806	8.536	565	1.415	3.340	1.650	4.972	649	27.031
Frankf., Darmst., Mz.	8.290	1.374	1.985	4.123	302	728	1.735	849	2.275	332	17.465
Hamburg	5.697	937	1.343	2.691	206	488	1.172	567	1.445	222	14.462
Stuttgart	6.479	1.053	1.539	3.340	231	567	1.346	670	1.900	260	8.914
München	5.569	907	1.330	2.881	197	488	1.157	577	1.644	224	4.614
Mannheim, Heidelberg											6.474
Nürnberg											5.635
Bermen	3.275	548	792	1.593	120	99	689	363	862	131	10.040
Saarbrücken											2.771
Aachen											1.805
Bielefeld											7.490
Augsburg	1.924	320	498	948	71	169	404	197	516	76	1.065
Karlsruhe	3.479	571	828	1.759	125	306	725	358	981	139	1.887
Kiel											1.981
Lübeck											2.147
Koblenz	3.550	575	839	1.871	125	310	736	370	1.085	142	3.786
Münster											3.858
Osnabrück											4.128
Freibrug	1.071	181	258	509	39	95	226	109	270	43	844
Siegen	2.156	351	512	1.113	77	190	449	224	630	86	2.174
Bremerhaven											2.213
Berlin											4.984
insgesamt	57.615	9.414	13.730	29.364	2.058	4.855	11.979	5.934	16.580	2.304	135.768

Anlage 4 (d): DAS VERKEHRSAUFKOMMEN AUF DEN RELATIONEN DES FERNVERKEHRS (in Fahrten je Monat in beiden Richtungen)

VARIANTE G 2

Verdichtungsräume	Boden-felde	Holz-minden	Ein-beck	Seesen	Alfeld	Hameln	Höxter	Brakel	Bad Driburg	Helm-stedt	Elze/Gronau
Rhein. Ruhrgebiet	716		1.277	1.579	2.251	3.235				2.140	1.036
Frankf., Darmst., Mz.	596										
Hamburg	350		612	785	1.092	1.641				1.155	513
Stuttgart	228		385	531	712	1.095				796	338
München	281		493	624	881	1.290				878	410
Mannheim, Heidelberg	243		426	537	762	1.112				752	352
Nürnberg	368										
Bremen	134		228	306	423	645				465	201
Saarbrücken											
Aachen											
Bielefeld	55		136	181	254	382				283	119
Augsburg	93		257	332	470	692				478	218
Karlsruhe	93										
Kiel	96										
Lübeck	157		279	347	493	712				475	225
Koblenz											
Münster											
Osnabrück	43		71	99	134	210				157	64
Freiburg	93		165	207	294	429				307	82
Siegen	91										
Bremerhaven	251										
Berlin											
insgesamt	3.888		4.329	5.528	7.766	11.443				7.886	3.558

Anlage 4 (e): DAS VERKEHRSAUFKOMMEN AUF DEN RELATIONEN DES FERNVERKEHRS (in Fahrten je Monat in beiden Richtungen)

VARIANTE 0

Verdichtungsräume	Braunschweig	Wolfenbüttel	Salzgitter	Hildesheim	Bockenem	Sehnde	Goslar	Osterode	Northeim	Duderstatt	Göttingen
Rhein-Ruhrgebiet	15.955	2.570	3.360	7.373	516	1.383	2.951	1.510	4.147	595	21.609
Frankf., Darmst., Mz.	8.222	1.364	1.807	3.709	285	715	1.582	787	1.965	318	12.773
Hamburg	5.535	931	1.243	2.467	197	484	1.086	532	1.267	210	11.256
Stuttgart	6.413	1.047	1.375	2.931	261	559	1.206	609	1.607	240	5.846
München	5.516	896	1.176	2.525	186	480	1.034	523	1.391	207	3.714
Mannheim, Heidelberg											4.879
Nürnberg											4.225
Bremen	3.257	545	726	1.453	114	99	636	313	755	124	7.558
Saarbrücken											2.216
Aachen											1.472
Bielefeld											5.625
Augsburg	1.918	321	427	857	68	166	371	184	450	73	869
Karlsruhe	3.446	568	750	1.564	135	298	656	330	843	129	1.523
Kiel											1.595
Lübeck											1.709
Koblenz	3.603	568	742	1.627	116	306	652	291	768	131	2.786
Münster											3.318
Osnabrück											3.209
Freiburg	1.068	182	244	472	39	95	213	96	221	41	693
Siegen	2.136	348	458	936	71	186	403	181	459	80	1.474
Bremerhaven											1.723
Berlin											4.092
insgesamt	57.069	9.340	12.308	25.914	1.943	4.772	10.790	5.356	13.873	2.148	104.164

Anlage 4 (f): DAS VERKEHRSAUFKOMMEN AUF DEN RELATIONEN DES FERNVERKEHRS (in Fahrten je Monat in beiden Richtungen)

VARIANTE 0

Verdichtungsräume	Boden-felde	Holz-minden	Ein-beck	Seesen	Alfeld	Hameln	Höxter	Brakel	Bad Driburg	Helm-stedt	Elze/Gronau
Rhein-Ruhrgebiet											
Frankf., Darmst., Mz.	563	1.008	1.152	1.375	2.048	3.066	884	354	389	2.122	996
Hamburg	542	2.275					1.170	300	319		
Stuttgart	287	530	558	711	1.021	1.577	469	177	189	1.147	503
München	185	360	364	477	676	1.062	319	119	126	794	335
Mannheim, Heidelberg	225	400	451	553	810	1.232	360	141	153	869	397
Nürnberg	195	335	388	474	699	1.059	308	121	131	746	349
Bremen	328	1.438					726	188	137		
Saarbrücken	99	211	216	281	389	799	187	75	80	462	195
Aachen											
Bielefeld							509				
Augsburg	46	154	129	167	237	369	447	41	44	281	116
Karlsruhe	79	234	237	298	433	661	109	75	80	408	212
Kiel	87	345					181	46	51		
Lübeck	89	360					188	48	53		
Koblenz	107	223	214	304	451	676	194	78	85	469	219
Münster											
Osnabrück											
Freiburg	37	70	63	94	129	205	194	21	24	154	65
Siegen	77	140	131	184	269	410	62	46	51	291	133
Bremerhaven	84	350					178	48	51		
Berlin	235	919					486	134	139		
insgesamt	3.265	9.352	3.903	4.918	7.171	11.116	6.971	2.012	2.102	7.743	3.520

Anlage 5: VERKEHRSAUFKOMMEN AUF DEN RELATIONEN DES ZENTRUMSVERKEHRS (in Fahrten / Jahr)

Mittelbereiche	Vergleichs-verkehr	Varianten G 2	H 2
VERKEHR IN RICHTUNG HANNOVER			
Göttingen	411.800	686.200	411.800
Bodenfelde	5.000	6.100	5.000
Holzminden	30.300	38.400	185.500
Höxter	23.600	29.900	92.400
Brakel	5.500	5.500	12.000
Bad Driburg	7.100	7.100	11.500
VERKEHR IN RICHTUNG KASSEL			
Braunschweig	89.100	92.100	93.700
Wolfenbüttel	11.700	12.000	12.200
Salzgitter	8.500	11.700	11.900
Hildesheim	43.400	69.600	71.300
Bockenem	1.300	1.500	1.300
Sehnde	6.100	6.800	7.800
Goslar	16.200	19.900	16.200
Osterode	6.100	7.600	6.100
Northeim	41.700	70.200	41.700
Duderstadt	2.600	3.200	2.600
Göttingen	259.200	892.700	259.200
Bodenfelde	2.300	5.200	2.300
Holzminden	3.700	3.700	117.900
Einbeck	7.400	10.800	7.400
Seesen	6.400	9.500	6.400
Alfeld	9.700	13.100	9.700
Hameln	15.000	19.000	20.800
Höxter	5.800	5.800	37.800
Brakel	3.500	3.500	5.100
Bad Driburg	4.700	4.700	4.700
Helmstedt	7.900	8.000	8.000
Elze / Gronau	5.300	5.900	6.000

Literaturverzeichnis

ADLER, Hans A.: Economic Evaluation of Transport Projects, in: Transport Investment and Economic Development, Edited by Gary Fromm, Washington 1965

ALTMANN, A.: Faktoranalytische Untersuchungen zur regionalwirtschaftlichen Situation und Entwicklung in Niedersachsen, in: Raumforschung und Raumordnung, 31. Jg., H. 5/6, 1973

BATTELLE/TREUARBEIT/DORNIER: Die Beurteilung von Investitionen im Fernreiseverkehr der Deutschen Bundesbahn und im Luftverkehr der BRD bis 1980, Schriftenreihe des Bundesministers für Verkehr, Bonn 1972, H. 40, Bd. 2

BEESLEY, M. E.: The value of time spent travelling. Some new evidence, in: Economica, Vol. 32, May, 1965

BIEHL, D., HUSSMANN, E., RAUTENBERG, K., SCHNYDER, S., SÜDMEYER, V.: Bestimmungsgründe des regionalen Entwicklungspotentials, Kieler Studien 133, Tübingen 1975

BUNDESMINISTER FÜR FINANZEN: Erläuterungen zur Durchführung von Kosten-Nutzen-Untersuchungen (Entwurf, Stand 20. November 1972), Bonn 1972

BUNDESMINISTER FÜR VERKEHR: Projektgruppe Korridoruntersuchungen im Bundesministerium für Verkehr, Untersuchungen über Verkehrswegeinvestitionen in ausgewählten Korridoren der Bundesrepublik Deutschland, Bonn 1972

BUNDESMINISTER FÜR WIRTSCHAFT UND FINANZEN: Rahmenplan der Gemeinschaftsaufgabe "Verbesserung der regionalen Wirtschaftsstruktur". Drucksache VI/2451 des Deutschen Bundestages

DEUTSCHE BUNDESBAHN: Neue Unternehmenskonzeption des Vorstandes der DB, Bericht des Vorstandes der DB an den Bundesminister für Verkehr am 24. 5. 1973, Die Bundesbahn 1973, Heft 6

- Zentrale Transportleitung, Erläuterungsbericht zur Planung der Neubaustrecke Hannover - Gemünden, Streckenabschnitt Rethen - Kassel, Mainz 1974

- DB-Vorstand 42 Ia 1577/Pl 1 Xav 23, Ausbauprogramm für das Netz der Deutschen Bundesbahn, Text und Anlagenband, vom 28. 8. 1970, Stand Januar 1971

- Zentrale Transportleitung, Bauliche, betriebliche und verkehrliche Ergänzungsuntersuchungen zu den Varianten "Göttingen" und "Holzminden" der Neubaustrecke Hannover - Gemünden, Mainz 1973

ECKSTEIN, O.: A survey of the theory of public expenditure criteria, in: R. W. Houghton (ed.), Public Finance, Penguin, 1961

FALLER, V.: Kommerzielle Handlungsfreiheit für die Eisenbahnen des EWG-Raumes, Zeitschrift für Verkehrswissenschaft, 1968

FISCHER, H., MEYER, E., MOOSMEYER, E.: Vergleichende Bewertung von Verkehrswegeinvestitionen des Bundes, in: Internationales Verkehrswesen, H. 1/1977

FISHLOW, A.: Railroads and the Transformation of the Antebellum Economy, Cambridge/Mass., 1965

FLOWERDEW, A. D. J.: Choosing a Site for the Third London Airport: the Roskill Commission's Approach, in: Richard Layard (Ed.), Cost-Benefit Analysis, Middlesex, 1972

FOGEL, R. W.: Railroads and Economic Growth, Essays in Econometric History, Baltimore 1964

FRERICH, J., HELMS, E. und KREUTER, H.: Die raumwirtschaftlichen Entwicklungseffekte von Autobahnen (BAB Karlsruhe-Basel), Forschungsberichte H. 193, hrsg. vom Bundesminister für Verkehr, Bonn-Bad Godesberg, 1975

FÜRST, D.: Die Standortwahl industrieller Unternehmer: Ein Überblick über empirische Erhebungen, in: Jahrbuch für Sozialwissenschaft, 1971

GODDARD, J.: Multivariate Analysis of Office Location Patterns in the City Centre: A, London Example in: Regional Studies, Bd. 2, 1968

GILLHESPY, N. R.: The Tay Road Bridge: A case Study, in: Scottish Journal of Political Economy, Vol. XV/2, Glasgow, 1968

HANSMEYER, K.-H.: u. a.: Standortwahl industrieller Unternehmen, Hrsg. Gesellschaft für regionale Strukturentwicklung, Bonn 1973

HARRISON, A. M., QUARMBY, D. A.: The value of time in transport planning: a review, in: Theoretical and Practical Research on an Estimation of Time-Saving, Europäische Verkehrsministerkonferenz, Paris 1969

HEINZE, W.: Disparitätenabbau und Verkehrstheorie - Anmerkungen zum Aussagevermögen der räumlichen Entwicklungstheorie von Fritz Voigt

HESSE, J. J.: Zielvorstellungen und Zielfindungsprozesse im Bereich der Stadtentwicklung, in: Archiv für Kommunalwissenschaft, 10. Jg., 1971, 1. Halbjahresband

HOFFMANN, R.: Was kann der Personenverkehr zur wirtschaftlichen Rechtfertigung des Baues einer neuen Eisenbahnstrecke beitragen? Zeitschrift für Verkehrswissenschaft, 1961

HUBER, H. J.: Bundesverkehrsministerium, Analyse des Erschließungs- und Verbindungsbedarfs im zweiten Ausbauplan, Straße und Autobahn 1969, Heft 1

HUBER, H.J., STEINFELS, D.: Bewertung von Straßenbaumaßnahmen im Rahmen der Vorbereitung der Bundesfernstraßenplanung ab 1967, in: Informationen zur Raumentwicklung, H. 8/1975

IBLHER, P., JANSEN, G.-D.: Die Bewertung städtischer Entwicklungsalternativen mit Hilfe sozialer Indikatoren - Wirtschaftspolitische Studien, H. 29, Hrsg. Harald Jürgensen, Hamburg, 1972

JÜRGENSEN, H., ALDRUP, D., VOIGT, H.-G.: Der Zeitnutzen im Straßenverkehr, Hamburg, März 1963

LAEMMERHOLD, E.: DB-Ausbauprogramm und Bundesverkehrswegeplanung, Raum und Siedlung 1971, Heft 11 (Auszüge)

LANDREGIERUNGEN NORDRHEIN-WESTFALEN: Nordrhein-Westfalenprogramm 1975, Düsseldorf 1970 Vorläufige Richtlinien für die Aufstellung von Standortprogrammen in: Ministerialblatt für NRW, Nr. 85, 12. Juli 1971

LAYARD, R. (Ed.): Cost-Benefit Analysis, Penguin Education, Middlesex/England, 2nd Ed., 1974

MAGISTRAT DER STADT KASSEL: in 1. Informationsschrift zur Neubaustrecke der Bundesbahn als Diskussionsgrundlage für die Bürger der Stadt Kassel, Dezember 1973

MARGLIN, S.A.: Public Investment Criteria, Allen u. Unwin, 1976

MC CLELLAND, P.D.: Railroads, American Growth, and the New Economic History: A Critique, in: JEH, 28/1968

MONHEIM, H.: Zur Attraktivität deutscher Städte, Berichte zur Regionalforschung, hrsg. v. Wirtschaftsgeographischem Institut München

MOOSMAYER, E.: Entscheidungen über langfristige Projekte unter kurzfristigen Budgetrestriktionen - ein vereinfachtes Modell für die praktische Planung von Verkehrswegen, in: Zeitschrift für Verkehrswissenschaft H. 3, 1975

NIEDERSÄCHSISCHER MINISTER FÜR WIRTSCHAFT UND ÖFFENTLICHE ARBEITEN: Fremdenverkehrsprogramm Niedersachsen, regionale Schwerpunkte der fremdenverkehrlichen Entwicklung, Hannover, Februar 1974

- Landes-Entwicklungsprogramm Niedersachsen 1985

PLANCO CONSULTING-GMBH: Nutzen-Kosten-Untersuchung für die Verbesserung der seewärtigen Zufahrt und den Ausbau des Emder Hafens i. Auftrag des Bundesministers für Verkehr des Landes Niedersachsen und der Stadt Emden

PLANCO CONSULTING-GMBH: Regionalwirtschaftliche Untersuchung zur Trassenführung der Neubaustrecke Hannover - Kassel, i. Auftrag des Niedersächsischen Ministers für Wirtschaft und öffentliche Arbeiten, Essen 1974

PLANERBÜRO ZLONICKY / PLANCO CONSULTING-GMBH: Ablaufschema zur Erarbeitung von Standortprogrammen in Nordrhein-Westfalen, hrsg. vom Siedlungsverband Ruhrkohlenbezirk, Essen 1971

PLATZ, H.: Ökonomische Perspektiven einer Überbrückung des Fehmarn-Belt, Göttingen 1969

SACHS, L.: Statistische Auswertungsmethoden, Kiel, 1969

SARRAZIN, T., SPEER, F., TIETZEL, M.: Eisenbahnen und wirtschaftliche Entwicklung, in: Jahrbuch für Sozialwissenschaft, Bd. 24, Göttingen 1973, Heft 1

SAUTTER, H.: Der Güterverkehr auf Schiene und Straße in einem Randgebiet - dargestellt am Beispiel des Raumes Aalen - Heidenheim - Dillingen a. D., Diss. Tübingen 1971

SCHMIDT, R. E. und CAMPELL, M. E.: Highway Traffic Estimation, Saugatuck/USA, 1956

STADT GÖTTINGEN - Bauverwaltung: Ergänzungsstrecke der DB Hannover - Göttingen - Kassel, Oktober 1973

STATISTISCHES BUNDESAMT: Fachserie A, Bevölkerung und Kultur, Volkszählung vom 27. Mai 1970, zusammengefaßte Daten über Bevölkerung und Erwerbstätigkeit für nicht administrative Gebietseinheiten

- Fachserie C, Unternehmen und Arbeitsstättenzählung vom 27. Mai 1970, Nichtlandwirtschaftliche Arbeitsstätten, Beschäftigte, Lohn- und Gehaltssummen in sonstigen nicht administrativen Gebietseinheiten

TIETZEL, M.: Die Effizienz staatlicher Investitionsentscheidungen im Verkehrssektor, Frankfurt 1972

VOIGT, F.: Die Theorie der regionalen Verkehrsplanung, Berlin 1964; Die volkswirtschaftliche Bedeutung des Verkehrssystems, Berlin 1960

WEISBROD, H. A.: Income redistribution effects and benefit-cost-analysis, in: Chase Jr. (ed) Problems in Public Expenditure Analysis, The Brookings Institution, 1968

WEYL, H.: Räumliches Entwicklungspotential, in: Raumforschung und Raumordnung, H. 6/1976

ZANGEMEISTER, C.: Nutzwertanalyse in der Systemtechnik, eine Methodik zur multidimensionalen Bewertung und Auswahl von Projektalternativen, München 1971

ZEHNE, L., MEYER, W., LITTGER, W., WOLF, P.: Reisezeiten im Fernverkehr der Deutschen Bundesbahn zwischen 951 Zellen der Bundesrepublik Deutschland für die Jahre 1967 und 1985, hrsg. von Nebelung, H., Aachen 1973

ZIMMERMANN, H. u. a.: Regionale Präferenzen, hrsg. von der Gesellschaft für regionale Strukturentwicklung, Bonn, April 1973

GEWOS-SONDERDRUCKE

1977	Wohnungswesen im Städtebau Konflikte zwischen städtebaulichen Anforderungen und wohnungs-sozialpolitischen Notwendigkeiten	DM 10,—
1977	Wohneigentum in Alt- und Neubau	DM 10,—

GEWOS

in: Schriftenreihe des Bundesministers für Raumordnung, Bauwesen und Städtebau, Bonn: Städtebauliche Forschung

- 1974 Wechselbeziehungen zwischen Sozialplanung und Rentabilitätsgesichtspunkten bei Sanierungsmaßnahmen nach dem Städtebauförderungsgesetz
- 1974 Das Haus mit Garten
  Eine empirische Untersuchung über Verhalten und Einstellungen von Kleinsiedlern
- 1975 Informationssystem für die Stadt- und Regionalforschung
- 1976 Ökonomische, rechtliche und verfahrenstechnische Möglichkeiten zur Einführung der Wohnwertmiete

in: Schriftenreihe der Kommission für wirtschaftlichen und sozialen Wandel, Göttingen

- 1976 Kögler, A.: "Die Entwicklung von Randgruppen in der Bundesrepublik Deutschland", Nr. 87

in: Schriftenreihe des Bundesministers für Jugend, Familie und Gesundheit, Bonn

- 1976 Der Zusammenhang von freizeitpolitischen Rahmenbedingungen und Freizeitinhalten, Bd. 102
- 1976 Analyse vorhandener Informationsmöglichkeiten und -angebote im Freizeitbereich, Bd. 104

in: Institut für Landes- und Stadtentwicklungsforschung des Landes Nordrhein-Westfalen (ILS) im Auftrage des Chefs der Staatskanzlei NW

- 1976 Die Ausländerbevölkerung in Nordrhein-Westfalen

in: Schriftenreihe des Verbandes der Automobilindustrie e. V. (VDA) 6 Frankfurt/M., Westendstraße 61

- 1977 Stadt und Verkehr
  Zur künftigen Entwicklung von Siedlungs- und Verkehrsstrukturen. Heft Nr. 24, Druckerei Heinrich, Rheinlandstr. 62, 6000 Frankfurt/M.-Schwanheim

GEWOS-Schriftenreihe NEUE FOLGE

Heft 1 Prof. Dr. Harald Jürgensen:
Wohnungsbau und Stadtentwicklung
1970. 23 S., 5,—DM

Heft 2 Wilfried Bundt:
Probleme der Sanierungsvorbereitung
1970. 20 S., 5,— DM

Heft 3 Heinz Roosch, Klaus Vogt:
Überwindung der öffentlichen Armut durch räumliche Schwerpunktbildung?
1971. 26 S., 5,— DM

Heft 4 **Sind die bisherigen Baupreissteigerungen unser Schicksal?**
1971. 46 S., 8,— DM

Heft 5 Gerhart Laage, Max-Walter Herr:
Die Wohnung von heute für Ansprüche von morgen -
1971. 132 S., 18,— DM

Heft 6 Wilfried Bundt, Heinz Roosch
Sanieren - aber wie? - Eine Systematik der Vorbereitung städtebaulicher Sanierungsmaßnahmen
1972. 228 S., 20,— DM

Heft 7 **Wohnwert und Miete**
Vier Referate von J.-W. Huber, M. Kurth, S. Thiberg, N. J. Habraken
1973. 85 S., 15,— DM

Heft 8 Hartmut Lüdtke:
Bauform und Wohnverhalten
1973. 247 S., 25,— DM

HANS CHRISTIANS VERLAG · HAMBURG

(Jeweils über den Verlag zu bestellen)

Heft 9 **Bodenrechtsreform im sozialen Rechtsstaat**
Gutachten der Kommission zur Erarbeitung von Vorschlägen für die Bodenrechtsreform
1973. 144 S., 20,— DM

Heft 10 **Bodenrechtsreform im sozialen Rechtsstaat II**
Sonderdarstellungen zum Umlegungsrecht, Nachbarschaftsrecht u. Bergrecht
1973. 100 S., 20,— DM

Heft 11 Christian Farenholtz:
Stadtentwicklungsplanung
Beiträge zur Diskussion
1974. 66 S., 16,— DM

HAMMONIA-Verlag GmbH · HAMBURG

Heft 12 Alfred Kögler:
Bürgerbeteiligung und Planung
1974. VIII, 112 S., 20,— DM

Heft 13 **Großsiedlungen**
1975. VIII, 148 S., 20,— DM

Heft 14 Angelika Schildmeier:
Integration und Wohnen
1975. 135 S., 25,— DM

Heft 15 **Beiträge zur Verstetigung der Bautätigkeit**
1975. 96 S., 18,— DM

Heft 16 **Sicherung des sozialen Wohnungsbaus**
1975. 40 S., 8,— DM

Heft 17 **Citynahes Wohnen**
1975. 93 S., 12,— DM

Heft 18 **Spätaussiedler**
1976. 132 S., 15,— DM

Heft 19 **Obdachlosigkeit in der Bundesrepublik**
1976. 278 S., 25,— DM

Heft 20 **Organisationsprobleme der Stadtforschung**
1976. 72 S., 15,— DM

Heft 21 **Institutionalisierte Rationalisierung**
1976. 64 S., 12,— DM

Heft 22 **Räumliche Entwicklung und Wohnungspolitik in Entwicklungsländern**
1977. 96 S., 14,— DM

Heft 23 **Die Hamburger »Fabrik«**
1977. 304 S. (nicht im Handel)

Heft 24 **Nutzwertanalyse**
1977. 106 S., 15,— DM

Heft 25 **Wohnförderung als Absicherungssystem in einer sozialen Wohnungsmarktwirtschaft**
1977. 26 S., 8,— DM

HAMMONIA-Verlag GmbH · HAMBURG